CONTENTS

MARIANGELA CERIATI

IL METODO MATRIOSKA

L'APPLICAZIONE PRATICA

PER UNA SCUOLA EVOLUZIONARIA

Con il contributo di: Claudia Ciancamerla, Giulia Cuccaru, Monica Di Giuseppantonio Di Franco, Maria Rosalba Mancinelli, Laura Montiroli, Annalisa Piccirilli.

PREFAZIONE

I saggi e gli studi metodologici spaventano sempre: per la complessità dei temi e del linguaggio, ed anche perché di rado siamo predisposti ad affrontare una lettura che non porti svago - nel momento in cui ci accingiamo a posare gli occhi su una pagina stampata, affrontando con più o meno consapevolezza il processo della comprensione e del piacere che deriva dall'atto di leggere, ci aspettiamo proprio questo, la sensazione di benessere che danno di solito le storie romanzate. Eppure ci sono testi che, pur non raccontando storie di finzione, regalano lo stesso benessere di un romanzo, ed anzi ci inducono a pensare che tutto sia possibile, nonostante traggano spunto da una realtà tutt'altro che semplice e lineare. È il caso de Il metodo Matrioska, un mondo che ne propone uno ancora migliore, che deve diventare migliore –noi adulti, maestri nel senso più profondo del termine, cioè coloro che sono più grandi, e che hanno il ruolo di supervisionare le attività sociali di chi, ancora, non sa come si fa - lo dobbiamo a loro, ai piccoli. Cosa dobbiamo loro? La dottoressa Ceriati ce lo dice senza mezzi termini: amore, cura, comprensione, la libertà di poter sbagliare, di poter giocare (e le due cose sono entrambe necessarie, nonché molto buone, come il pane, affermava Gianni Rodari), e se ci chiediamo come sia possibile ottenere attenzione, attenzione positiva, che dia frutti, da un insieme antropologico così delicato e complesso dei bambini e dei ragazzi, di qualsiasi genere siano, e dei loro genitori, ecco che il metodo della dottoressa Mariangela ci dice anche questo. La gentilezza è la risposta. Il concreto si costruirà via via, con il gioco, il lavoro, la disciplina attraverso la quale si assemblano strumenti utili a crescere, e sane abitudini, quali la felicità e la consapevolezza. Ma in linea teorica la prima parte dell'equazione consiste nell'atteggiamento, che è quello tenuto dall'autrice stessa del metodo –prima brava maestra: partiamo da qui, dalla gentilezza. Il sistema proposto da Ceriati è fatto di cerchi concentrici, di bambole sempre più piccole custodite l'una dentro l'altra, per custodire, appunto, ma anche per entrare sempre di più nell'essenza della questione. Che non è se i ragazzi e le ragazze di oggi diventeranno o meno grandi personalità a livello professionale, non è se saranno benestanti o "di successo": il successo a cui si aspira nel momento in cui ci si approccia al metodo, il punto centrale, la bambola più minuta, è di portata ben più grande, addirittura rivoluzionaria, perché si tratta di un segreto che tutti, da secoli, vogliono sapere. Presto svelato: la felicità degli adulti di domani la costruiscono gli adulti di oggi, con l'aiuto, l'ascolto, la responsabilità. Sembra molto, non è vero? Sembra molto da assorbire, da impostare, da fare. E lo è. Eppure, la via può essere costellata di colori, di bellezza. Il che, e vale per ogni grande rivoluzione, non esclude la fatica. Spetta a noi, adulti nella società, genitori, insegnanti, terapeuti, allenatori (la parte esterna della matrioska) iniziare lo sforzo. Un buon inizio è leggere la proposta della dottoressa Mariangela Ceriati, così, solo per cominciare a capire che un mondo più felice è possibile. E che a volte i saggi possono essere coinvolgenti quanto un romanzo. Dipende tutto dalla storia che veicolano, e quella del Metodo Matrioska è una bellissima storia vera.

PAOLA PERETTI, SCRITTRICE, MAESTRA

BENVENUTI E BENARRIVATI!

Proprio così, perché se vi trovate ad avere tra le mani questo libro, non è per un caso. C'è sicuramente un vostro percorso personale che ha permesso che la fiammella della curiosità si accendesse su questo titolo! Preparatevi dunque a qualcosa che vuole essere coerente con le aspettative di un titolo tanto "roboante". Questo libro parla di scuola, e si rivolge agli insegnanti, ai genitori, ma è anche per tutti: il "Metodo Matrioska- basato sulla Persona- orientato sulla Conoscenza", in fondo, è uno "stile di vita"; mentre la scuola e il rapporto con gli insegnanti è qualcosa che struttura la nostra personalità, e che ci resta dentro, per sempre. A proposito degli insegnanti vale la pena tenere presente che una qualunque persona diventa insegnante per nomina, per attribuzione di incarico, ma diventa MAESTRA o MAESTRO per scelta... per volontà. Con questo libro, mi piace l'idea di avviare un dialogo con gli insegnanti, non solo con quelli che amano fare questa scelta, ma con tutti, anche con quelli che ancora tentennano; e con i genitori, soprattutto quelli che "contano i quaderni", e che "più un insegnante carica di compiti, più è bravo/a". Se questo libro ve lo portate a casa, vale la pena che sappiate alcune cose. Apritelo quando siete ben sistemati su di un comodo divano o una comoda poltrona. Leggetelo quando avete veramente un po' di tempo. Non apritelo per noia! Attingete alla vostra curiosità. Leggetelo con calma... con tranquillità... con lentezza. Non è un libro da "studiare"; è un libro che vuole vivere con voi; nutrire i vostri pensieri: mangiatelo, annusatelo, bevetelo. Quando, nel 2002, feci la scoperta di quanto fosse diffusa la sofferenza di bambini e ragazzi nelle classi, fui così sconvolta che pensai che tutti dovessero sapere... che tutti dovessero, come me, gridare di raccapriccio e organizzare soluzioni. Mi rivolsi a numerose personalità della cultura, a giornaliste di spicco, a professori universitari e a intellettuali. Alla mia richiesta di sostegno per incominciare a fare qualcosa, (e io proponevo anche un come fare), per cambiare tante situazioni, che avevo visto e individuato come le cause, e che rendevano tante situazioni disfunzionali a una corretta formazione ed educazione a scuola e nelle famiglie, fui del tutto ignorata; magari fossi stata contraddetta! ... ignorata. Ma forse aveva ragione uno di loro che mi diede questa risposta: "ora non mi importuni, sono impegnato in qualcosa di più importante... ma vada avanti. Con il tempo... se è qualcosa di valido, lo scoprirà..." E così, approfitto per togliermi due sassolini, e ricordare che io ho incominciato, in quegli stessi anni, eravamo all'inizio del 2000, a parlare della RELAZIONE e tutti mi deridevano, a parlare delle EMOZIONI e tutti mi commiseravano; e quando parlavo della GENTILEZZA tutti mi sfottevano. Sono contenta che il tempo non sia passato invano. Ma quante cose, nel frattempo, si potevano fare per evitare di arrivare a questo scatafascio! Un'ultima cosa vi debbo dire. E ve la dico in sordina. Abituatevi a un'idea sconvolgente, quasi "assurda", a qualcosa di impensabile rispetto alla realtà che ci viene prospettata: dovete sapere che è possibile risolvere i problemi! Normalmente, dato un problema, se ne cerca la soluzione, e se una soluzione non funziona, se ne cerca una differente, perché lo scopo deve essere l'eliminazione di quel problema. La realtà della scuola italiana ha adattato il nostro cervello al pensiero che i problemi vanno bene così, che si smuove qualcosina qua e là, sempre le stesse, sempre della stessa natura, tanto per "fare finta" che qualcosa si stia facendo. Signori miei! Sono cinquant'anni che conosciamo molto bene tutti i problemi della scuola: non se ne è risolto nemmeno uno! Anzi, sono tutti peggiorati e si sono ampliati. Ci vorrebbe un miracolo, o bisognerebbe fare qualche magia! Quello che vi debbo dire è questo: preparatevi a una clamorosa scoperta! Caro maestro, cara maestra, considera di leggere un "MANUALE di MAGIA", perché scoprirai che il "Metodo Matrioska" può fornirti la bacchetta magica di un mago/ di una maga. Risolvere un problema. Farlo scomparire in un bambino, in una bambina! In una classe. Tu avrai questo POTERE! E quando l'evidenza ti dimostrerà che è vero, non lo dire in giro, perché non ti crederanno, lo so per esperienza, derideranno anche te. Ma so che non t'importerà, perché ogni volta che vedrai la Gioia di un bambino, di una bambina, ma anche e soprattutto non di un bambino qualunque, ma di "quel" bambino, di "quella" bambina che prendiamo come il prototipo di quei tanti bambini che ci danno tanti, o tutti i problemi che, con le lacrime agli occhi ti dirà, "Maestra, guarda, ce l'ho fatta!", sarà quello che ti ripagherà di tutte le fatiche di, tutte le frustrazioni, di tutte le mortificazioni. Ti darà una grande, incommensurabile GIOIA. Non avrai bisogno di altro! Te lo posso garantire!

ISTRUZIONI PER L'USO

Cari insegnanti, carissime maestre e carissimi maestri! E cari compagne e compagni di strada, chiunque voi siate! Complimenti! Se state ancora leggendo questo libro avete già fatto un passo importante! Vi meritate qualche spiegazione in più. La presentazione della pratica è strutturata per capitoletti brevi e veloci, perché voi possiate dedicare più tempo alla riflessione e a fare riferimenti mentali con la vostra esperienza. Considerateli come delle tracce da seguire nel cammino che faremo insieme, e che, in ogni caso, dovranno essere sviscerate nel corso della "Formazione" orale che dovete considerare comunque imprescindibile. E capirete perché. È possibile che questo vi crei un certo fastidio, ma vi prego, … andate avanti, arriverà il momento in cui capirete il perché, capirete tutto. Un avvertimento utile: tenete a portata di mano anche il primo libro "Il Metodo Matrioska": quello rappresenta la struttura portante e l'organizzazione teorica e scientifica di tutto questo nuovo approccio all'insegnamento, a voi stesse e a voi stessi, e anche alla vostra vita. Ogni volta che introduco un argomento che riguarda la conduzione della classe e non solo, troverete una spiegazione del perché di certe scelte, di cosa c'è dietro a un determinato "modo" di organizzare le situazioni. Ho pensato fosse una cosa giusta e di fare una cosa gradita. Ecco perché non dovete considerare le parti "discorsive" come teoria, ma come ampliamenti e spiegazioni, per aumentare la vostra comprensione e la penetrazione dei significati. E così trovate parti evidenziate come AZIONI e parti come PENSIERI. Ma, anche parti dedicate ai PENSIERI STRUTTURANTI, vale a dire a certi pensieri che sono così densi che strutturano modi di essere, e diventano modi di fare, comportamenti, e che, con la pervasività della luce o dell'acqua, agiscono come AZIONI CONCRETE. Non ha importanza se ora avete l'impressione di non capire. Resterete affascinati quando lo scoprirete! Il "Metodo Educativo Globale Matrioska - basato sulla Persona – orientato sulla Conoscenza", è un sistema organico fatto di tante parti, tutte collegate tra di loro, conseguenti l'una all'altra, come lo sono i passi cadenzati necessari l'uno all'altro per arrivare sulla vetta di un monte; come lo sono le tante perle colorate infilate l'una dopo l'altra, nel filo che le compone, che le unifica, che le "struttura", che le tras-forma nella "collana delle conquiste", come quella che proponiamo ai bambini. A completamento e integrazione di alcuni argomenti gustatevi le "incursioni" di voci diverse dalla mia, delle PERSONE che più mi hanno affiancato, supportato, aiutato; e che hanno ampliato, arricchito con osservazioni, suggerimenti, idee tutto il Metodo, e lo hanno fatto proprio!

MANIFESTO

Che bella una scuola orientata verso il futuro! In cui ISTRUZIONE, EDUCAZIONE, FORMAZIONE sono i primi tre anelli di una catena che si espande nel mondo, a partire dalla sua estroversione sul Territorio, per realizzare il vero Cambiamento necessario per l'umanità. Una scuola che si avvale della scienza per contribuire alla FORMAZONE della personalità dei bambini, orientandoli verso la solidarietà, la consapevolezza, la responsabilità, la fratellanza. In cui gli insegnanti EDUCANO i bambini a conoscere se stessi e il mondo con GIOIA; a conoscere gli altri imparando ad attivare solidarietà ed empatia; in cui i bambini imparano a godere della Bellezza, della musica, del canto, della danza. Una scuola che presta attenzione al corpo, alla mente, all'"anima", ai sentimenti, alle emozioni. Una scuola in cui Pedagogia e Psicologia si "sposano per amore"; maestre/maestri, e psicologhe/psicologi condividono la conduzione del percorso di istruzione e formazione dei bambini nelle classi. Insieme assumono l'impegno rivolto a formare le Persone che sono in nuce nei bambini, per sviluppare in loro l'amore per la conoscenza, la capacità di applicazione orientata sugli obiettivi, perché profondamente motivate; persone dotate di flessibilità mentale, di creatività, di fantasia, improntate sulla solidarietà, sul piacere del lavoro di gruppo, sullo spirito collaborativo, con un senso profondo di appartenenza e di comunità. E a formare INDIVIDUI capaci di utilizzare queste caratteristiche e queste dotazioni, per affrontare situazioni problematiche con spirito positivo e costruttivo per sé e per gli altri. In cui sia bello condividere questo importante impegno con i genitori, coinvolti in una GRANDE ALLEANZA stipulata con l'obiettivo di vivere il percorso dei propri figli nella scuola con GIOIA! Che bella una scuola che per i bambini è un LUOGO di ESPERIENZE, e si modella sulle esigenze di crescita, di sviluppo, di evoluzione delle bambine, dei bambini; che si armonizza con i genitori, che si protende all'esterno per incontrare il mondo. Che insegna il Rispetto come una cosa bella da vivere e sperimentare, da cui ricavare piacere e gioia. Rispetto come educazione all'attenzione verso gli altri, alle esigenze, ai desideri degli altri, identici ai propri; come educazione all'attenzione verso se stessi, imparando a conoscere e riconoscere i sentimenti e le emozioni; a sentirli alla base dei propri comportamenti, e quindi, riuscire a scegliere tra un comportamento sbagliato, che allontana dai compagni e nuoce all'amicizia e un comportamento che avvicina, che crea amicizia, condivisione, solidarietà. Rispetto per i luoghi della propria vita, la classe, la scuola, la città, il mondo. Una scuola che percorre l'unica strada che, modificando alla partenza il percorso, può allontanare i bambini dai luoghi emozionali e mentali in cui possono attecchire arroganza, prevaricazione, aggressività, prepotenza, violenza, maschilismo, omofobia, bullismo, razzismo. Una scuola che si fonda sulle differenze, sulle particolarità, sulle dotazioni diverse, sui talenti soggettivi e individuali. Che vuole abbandonare tanti miti dannosi, tra cui la standardizzazione, la medicalizzazione, il dare a tutti la stessa cosa, l'uniformazione. Che non lascia i frutti preziosi del SAPERE di ricercatori e scienziati a impolverarsi nelle biblioteche, ma li utilizza, li sfrutta, li mette alla prova. Che offre e promette tanto, e che restituisce quello che chiede raddoppiato, triplicato...... e di più. Agli insegnanti, ad esempio, chiede di aprirsi a una riqualificazione che li renda anche "professionisti dell'Infanzia e dell'adolescenza", e, mentre condividono con i propri alunni quel tempo "magico" del loro cammino insieme, chiede di aprirsi a sperimentare l'orgoglio di essere ben di più che semplici "trasmettitori" di nozioni, l'orgoglio di sentirsi EDUCATORI. Ma soprattutto che siano disponibili ad acquisire la Consapevolezza del POTERE che hanno sui bambini e sui ragazzi. Infatti, è la scuola, e soprattutto sono le PERSONE che fanno la scuola, che non sono semplicemente insegnanti, dato il RUOLO fondamentale che rivestono per la CRESCITA dei bambini e dei ragazzi, che hanno il POTERE di sprofondarli nell'oblio, o di LANCIARLI verso l'INFINITO.

PRIMA PARTE

PRESUPPOSTI

Tutte le considerazioni e i riferimenti che ho riportato rappresentano il substrato, lo scavo per la costruzione delle fondamenta di quella che dovrebbe essere, di necessità, una scuola corrispondente alle necessità dei cittadini del mondo di oggi, in grado di accogliere stimoli e suggerimenti e di attivare forze ed energie nuove. Non ci si può più permettere di non riconoscere che l'età dai tre ai sei anni è la più preziosa per introdurre nei bambini, nell'età giusta, nel momento giusto, con modalità giuste, quelle fondamentali informazioni che diventano educazioni sulla base delle dotazioni particolari di ogni individuo, sia in termini soggettivi, sia in termini collettivi e sociali e che possono renderlo, nel futuro, una persona realizzata e un cittadino orientato in termini di Consapevolezza di sè, di senso di responsabilità, di Rispetto per gli Altri, di Rispetto e riconoscimento dell'interdipendenza dal suo habitat. Al contrario, la preponderante concentrazione della Scuola dell'Infanzia sugli aspetti cognitivi, quasi fosse una palestra di allenamento per i prerequisiti didattici, lo scrivere, leggere e far di conto, fanno perdere tante occasioni di estrema rilevanza. Trascurare il gioco, il movimento, l'attenzione al corpo, alle modalità relazionali, ai primi insegnamenti sulla vita con gli altri, ai primi insegnamenti al rispetto, e altre forme di espressione di estrema importanza per quell'età, determina una scarsa preparazione dei bambini agli apprendimenti futuri, con risultati limitati e assai scadenti, quando non addirittura effetti deleteri. È tempo che i genitori accettino di avere qualcosa da imparare da chi studia, fa ricerca, lavora in questi campi. È ora di finirla con la fissazione sulle attività cognitive, sul fare, fare, fare, senza quasi nessuna attenzione a costruire l'ESSERE. È da questo che derivano bambini sereni, felici, capaci di apprendere, di vivere le esperienze scolastiche in modo proficuo e quindi capaci di dare le famose soddisfazioni a genitori sempre più famelici di rassicurazioni da parte di loro figli. È, infatti, di fondamentale importanza fare in modo che alla prima classe della scuola primaria arrivino bambini preparati alla socializzazione, quindi realmente scolarizzati. Ma in fin dei conti, il discorso è semplice: l'istituzione scolastica, a quanto pare non solo italiana, a causa di un'interpretazione completamente sbagliata del cognitivismo ha generato un ERRORE scientifico molto grave, e su questo si è avvitata sempre di più. La scuola, sempre di più ha preteso di inserire i bambini nel mondo degli adulti, con le modalità degli adulti, ha costruito un paradosso: ha stabilito una comunicazione con i bambini sulla base del proprio linguaggio, sull'adultese. Questo rende difficile, problematica, a volte impossibile la COMPRENSIONE RECIPROCA. Quando sono entrata la prima volta nelle classi, nel 2001, sapendo che ci sarei rimasta fino alla fine dell'anno scolastico, per me, in quanto psicologa e psicoterapeuta infantile, è stato come se fossi salita su un razzo e fossi atterrata sul PIANETA dei BAMBINI. Come avessi fatto un viaggio lungo, nel tempo e nello spazio, senza spostarmi di un centimetro. Come sempre succede quando si cambia nazione, è stare con gli abitanti di quella parte di mondo, condividere la loro quotidianità che permette di imparare la loro lingua. Anche a me ha permesso di imparare la lingua di quel mondo, dei bambini, il bambinese. E ho scoperto che questa lingua privilegia l'emisfero destro, quello delle emozioni, della fantasia, delle favole, dell'affettività; attraverso il gioco, parla con simboli e metafore. Il Metodo Matrioska rappresenta la "grammatica", la "sintassi" di questa lingua, accettando e facendo proprie le modalità comunicative che le sono proprie. Anche quando vogliamo avviare un motore, sappiamo che ci sono diverse "manovre" che sono imprescindibili; se poi si tratta di un aereo, i piloti sanno, perché lo hanno imparato, che per portare in pista il loro velivolo, e metterlo in grado di volare in sicurezza e portare TUTTI i passeggeri a destinazione, debbono passare attraverso diverse procedure che sono codificate e imprescindibili, e sono quelle attinenti a quel particolare mezzo, a quelle particolari situazioni, a quelle particolari condizioni generali. Ecco che, quindi, tutte le proposte che trovate in questo "manuale", sono ben altro che "inutili perdite di tempo", "trastulli" che inficiano o ostacolano la normale conduzione della lezione. Al contrario! Sono la traduzione in bambinese di tante educazioni sociali, relazionali, fondamentali e imprescindibili per una corretta conduzione delle attività didattiche. Ma con una pregiudiziale e una volontà precisa e definita: portare TUTTI i bambini di una classe a esprimere i propri talenti, e le proprie dotazioni. TUTTI a destinazione.

QUELLO CHE GENITORI E INSEGNANTI DEVONO SAPERE

Ma il discorso non vale solo per insegnanti e genitori. Tutti dovrebbero sapere, in primo luogo i politici, quelli che hanno il potere di decidere delle nostre vite e che si arrogano il diritto di farlo troppo spesso sulla base di una profonda ignoranza, nel senso di profonda mancanza di conoscenza dei campi, degli individui, delle situazioni e perfino delle conoscenze teoriche sugli argomenti su cui "legiferano", che oggi la scienza più accreditata, ha dimostrato che ci sono teorie su cui abbiamo creato tante nostre convinzioni, che non sono vere. Che esistono tante credenze su cui abbiamo costruito la nostra idea dell'uomo e delle relazioni tra gli uomini, che sono addirittura sbagliate e vanno corrette![1] Oggi (ma dura da tanti anni, ormai) le ultime scoperte delle neuroscienze hanno dimostrato: che la capacità di utilizzare la nostra mente al massimo delle sue potenzialità non ha a che fare soltanto con la stimolazione delle aree deputate alle funzioni cognitive, ma anche, e in maniera preponderante con EMOZIONI E SENTIMENTI. La testa non è più, dunque l'unico organo preposto all'apprendimento. La testa, anzi, per imparare efficacemente, è al servizio del "cuore", ovvero (neurologicamente parlando), dell'emisfero cerebrale destro. L'apprendimento, quindi dipende dalla stimolazione dei due emisferi del cervello. Deriva dalla partecipazione/ integrazione di componenti emozionali e affettive e componenti cognitive; (Senf 2007); che i rapporti umani si fondano sull'empatia, che è connaturata nella fisiologia umana. Essa dipende comunque dall'insegnamento e dall'educazione dei genitori; che l'empatia non è importante soltanto per la qualità delle relazioni tra le persone, ma essa addirittura partecipa all'attivazione dell'intelligenza. Alla luce di tutto ciò, la prima scelta coraggiosa, si potrebbe dire rivoluzionaria, che è necessario e urgente è proprio la rivalutazione del concetto di educazione, che ha attraversato negli ultimi cinquanta, sessant'anni, periodi burrascosi, o di impantanamento. Il filosofo Edgar Morin auspica una riforma profonda dell'educazione, fondata su quella che è la sua missione essenziale: INSEGNARE A VIVERE. Si tratta di permettere a ciascuno di sviluppare al meglio la propria individualità e il legame con gli altri, ma anche di prepararsi ad affrontare le molteplici incertezze e difficoltà del destino umano. Si impara a vivere attraverso l'esperienza, con l'aiuto dei genitori e degli educatori (Morin, 2015). Di conseguenza il ruolo degli insegnanti nell'aiutare i bambini a imparare a vivere va bene al di là della semplice istruzione. Nella direzione opposta, lo sdegnoso rifiuto fatto dagli insegnanti, a partire dagli anni 70 del '900 del valore educativo della scuola, in nome di una funzione prettamente didattica è stato indubbiamente un errore e ha fatto già troppi danni. La credenza che portava all'affermazione: la scuola si occupa dell'ISTRUZIONE, alle famiglie spetta l'EDUCAZIONE, oltre ad essere una pia illusione, è un grave errore che poteva essere comprensibile in quei tempi in cui imperava il cognitivismo più intransigente e rigido. Purtroppo, è vero che l'uso del tempo all'imperfetto anche da parte mia è una pia illusione. Infatti, anche se la scuola tradizionale italiana ha incominciato ad accettare di aprirsi a qualche concezione più moderna, troppo spesso, dobbiamo constatare che il tutto funziona piuttosto come spargere dello zucchero a velo su del pane raffermo. Già da tempo è scoccata l'ora di avviarsi sul cammino impervio ed estremamente complesso di accettare le conseguenze di questo cambiamento di prospettiva e di incominciare ad adeguarsi ad esso.

Continuare a pretendere un rendimento scolastico sempre ottimale ottenuto attraverso l'applicazione continua, l'impegno, il senso del dovere, il lavoro; attraverso una stimolazione cognitiva pressoché ossessiva è, oltreché anacronistico, fallimentare. È di questi ultimi giorni il report "Facciamo scuola- L'educazione in Italia ai tempi del Covid 19", elaborato da WeWorld che definisce gli studenti italiani tra i più stressati del mondo, con alti costi in termini di benessere fisico e psicologico e, d'altra parte, senza ricavarne nessun vantaggio, visto che l'Italia si colloca in fondo alla graduatoria europea dell'istruzione. (Secondo il Rapporto annuale ISTAT presentato a Montecitorio). E ha sicuramente un significato altrettanto preoccupante che i ragazzi non ammessi a frequentare l'anno successivo o agli esami, per le troppe assenze siano ottantamila ogni anno! Sono sempre di più i ragazzi che abbandonano la scuola, che fuggono, che si sottraggono. Anche lo psicologo delle intelligenze multiple Howard Gardner (2007) si rivolge a genitori e insegnanti e definisce quella "impostazione educativa" come appartenente ad un modo di vedere le cose vecchio e superato e presenta cinque modi di pensare, cinque approcci mentali, decisivi per sopravvivere, ed eccellere, nel futuro. Saranno assolutamente necessarie capacità che finora sono state solo opzionali come disciplina, sintesi, creatività, rispetto ed etica. Gardner sostiene che il ventunesimo secolo appartiene alle persone che sono in grado di pensare in un certo modo e che chi non è in grado di sviluppare queste capacità è destinato a soccombere.

IL METODO EDUCATIVO GLOBALE MATRIOSKA BASATO SULLA PERSONA- ORIENTATO SULLA CONOSCENZA

Il Metodo Matrioska, proprio in quanto metodo che copre l'intero ciclo scolastico, permette di costruire intorno a sé una scuola nuova, diversa. LA SCUOLA di GOMMA, una scuola nuova deve partire da un pensiero diverso In questa scuola, gli insegnanti prendono per mano ogni bambino, ogni bambina, con il sorriso, con il calore dell'empatia, con la curiosità per ogni nuovo incontro, e con l'impegno di stimolare in lui/lei interesse, entusiasmo, motivazione, desiderio di imparare con GIOIA, godendo dell'orgoglio di sentirsi BRAVO/A. Accolgono i bambini non come alunni, ma come Soggetti ben caratterizzati nella loro IDENTITA' e li accompagnano fino alla fine del loro cammino scolastico, riconoscendo la responsabilità di avviare la loro FORMAZIONE volta: al RICONOSCIMENTO delle DOTAZIONI al POTENZIAMENTO delle CAPACITA' e dei TALENTI all'EDUCAZIONE dell'INDIVIDUO come futuro CITTADINO consapevole e responsabile. Gli insegnanti formati secondo quest'ottica, si pre-occupano della FORMAZIONE COMPLETA dei bambini: cognitiva, emozionale, sociale, morale, culturale, per restituire alle famiglie e alla società, alla conclusione del loro percorso scolastico, INDIVIDUI-PERSONE provvisti di coscienza di sé e in possesso di una propria identità e personalità, capaci di vivere insieme nella dignità.

Il Metodo Matrioska combina insieme individualizzazione e socializzazione, secondo una valorizzazione reale del RISPETTO per sé stessi e per gli altri; forma PERSONE orientate verso la possibile costruzione di una globalizzazione culturale e politico-civile, attente all'ecologia planetaria e "rispettose" della sensibilità degli altri. Per compiere la transizione dalla società tollerante alla "società rispettosa".[2] I bambini seguono un percorso che li conduce alla SCOPERTA DELLA CONOSCENZA non mettendoli di fronte a tanti libri di tante materie diverse, da mettere uno sopra all'altro e da studiare, spesso con scarsa comprensione del senso e del significato; alle prese con quaderni che debbono essere riempiti quasi con frenesia, per poterne contare il numero, (perché è sul numero dei quaderni riempiti che si misura la bravura di un insegnante!) e quindi per sedare l'ansia di insegnanti che corrisponde all'ansia dei genitori, e che spesso nulla hanno a che fare con conoscenze o competenze acquisite (come il pensiero corrente ama pomposamente definirle). È completamente diverso, voler aprire la mente e il cuore dei bambini alla conoscenza, mettendo al primo posto la creatività, la curiosità, la fantasia. Sono queste le dotazioni da cui partire, su cui costruire l'apprendimento, mettendolo costantemente in relazione al momento specifico della loro maturazione e ai loro bisogni psicologici. La SCOPERTA DELLA CONOSCENZA avviene come una MATRIOSKA che si apre progressivamente e si suddivide rispetto a contenuti differenti: articola un sapere che si struttura sulla base di connessioni successive,

ma comunque sempre interconnesse, che si espandono progressivamente e che, interagendo, si arricchiscono reciprocamente. Quindi non secondo una progressione verticale, ma come una spirale che si allarga e si espande. La divisione tra le materie non ha più nessun senso. L'idea che gli insegnanti si susseguano portandosi via il proprio pezzo di "sapere" è da abbandonare.

Entra un insegnante in classe, ed espone una materia, poi se ne va, ed entra un altro con l'altro pezzo di sapere; nel mondo della conoscenza di oggi non è più concepibile, non è più accettabile. Le Matrioske che si aprono in successione bene si accordano con la visione del mondo della Infosfera così come ce la prospetta il filosofo dell'informazione Luciano Floridi, professore ordinario di "Filosofia ed Etica dell'informazione", presso l' "Oxford Internet Institute" dell'Università di Oxford, direttore del "Digital Ethics Lab", nonché professore di "Sociologia della Comunicazione" presso l'Università di Bologna.

Per i bambini, a partire dalla prima classe, è molto più affascinante, coinvolgente e quindi molto più fortemente motivante all'attenzione e alla concentrazione, se l'approccio alla CONOSCENZA DEL MONDO è proposto con le combinazioni, e le connessioni; ad esempio la storia come racconto con l'italiano e la geografia per darle sempre una collocazione fisica; l'italiano con i racconti e le vicende della vita, che fanno la letteratura piuttosto che con l'aridità della grammatica; (la grammatica può aspettare fino alla quinta classe); la matematica in combinazione con la musica, o con la poesia, o con la fisica o con la botanica, piuttosto che con formule e tabelline da imparare a memoria. Bisogna sempre scongiurare che si verifichi il "dramma" che Schultz dipinge in una delle sue famose strisce dei Peanuts, per cui non c'è niente cha distrugga meglio la magia dei numeri, come la matematica! Ci sono tanti modi assolutamente innovativi, a partire da quelli della Montessori, studiati per proporre ai bambini i concetti di matematica, di aritmetica, di geometria. Tutto questo è necessario per fare una cosa che sembra spesso difficilissima: cambiare prospettiva, capovolgere i punti di riferimento, i punti di partenza. Cambiare il modo di guardare le cose. **Capovolgere la zolla!** Con il Metodo Matrioska compito dell'insegnante è quello di avvicinare i bambini, tutti i bambini, senza alcuna differenziazione in ambiti di categorie particolari, alla CONOSCENZA, attraverso: il piacere di stare insieme; di stare in una classe bella; di fare delle cose belle, interessanti, facili da capire, divertenti, coinvolgenti, emozionanti.

Tutto questo permette di creare un'atmosfera in cui i bambini: SI SENTONO BENE in classe SI SENTONO BENE con gli AMICI SI SENTONO BENE con gli ALTRI SI SENTONO BENE nel FARE (l'applicazione didattica).

Il "SENTIRSI BENE IN CLASSE" fa riferimento al concetto generale del Rispetto, per sé stessi, per gli altri e per l'ambiente di vita, e al sentimento di appartenenza. "IL SENTIRSI BENE CON GLI AMICI" punta l'attenzione sulle relazioni più significative e sui sentimenti di amicizia, che nascono proprio verso i sei, sette anni.

"IL SENTIRSI BENE CON GLI ALTRI" sollecita, favorisce e consolida i rapporti di vicinanza, accettazione, comprensione con gli altri. Aiuta a superare la paura del sentirsi giudicati; aiuta a riconoscere la tendenza a giudicare, a decretare la differenza degli altri da sé, a respingere, a isolare con la presa in giro, la derisione, assolutamente tipici nelle età di scolarizzazione. Aiuta a proteggere l'autostima.

"IL SENTIRSI BENE NEL FARE" è l'applicazione all'aspetto didattico, orientato al rendimento scolastico, con motivazione, partecipazione, creatività, e apertura mentale.

LA FORMAZIONE DEGLI INSEGNANTI

Per un cambiamento di mentalità. La condizione fondamentale e primaria perché tutto questo si realizzi, è offrire agli insegnanti una FORMAZIONE strettamente adeguata e veramente corrispondente a tutti questi presupposti. Nella sua recensione del libro di Einstein Nuccio Ordine, filosofo, professore ordinario di "Letteratura Italiana" presso l'Università della Calabria commenta: "Oggi, al contrario, l'attenzione si concentra sempre più sugli orientamenti di mercato, con il rischio di deformare il compito principale dell'istruzione: si incitano i giovani – già prima del conseguimento della licenza media – a iscriversi alle scuole superiori, allo scopo principale di intraprendere una specifica professione. La passione per questa o quella disciplina conterà poco per orientare le loro decisioni. Le martellanti campagne denigratorie ai danni del liceo classico e l'enfasi sullo sbocco professionale hanno già dato notevoli risultati: la corsa verso scuole e università più accreditate per ottenere un posto di lavoro. Nessuno sembra più preoccuparsi del fatto che, come ricorda Einstein, la "divina curiosità che ogni bambino sano possiede" possa essere "precocemente soffocata". Senza la disinteressata "curiosità" sarà difficile immaginare lo sviluppo della creatività e della fantasia". "La "buona scuola" non la fanno né le lavagne interattive multimediali, né i tablet... la fanno solo i "buoni insegnanti", quelli che rinunciando ai "mezzi coercitivi" fanno sì che "l'unica fonte di rispetto da parte dell'allievo sia costituita dalle qualità umane ed intellettuali dell'insegnante stesso". Spetta al docente il delicato compito di far capire ai suoi studenti che l'istruzione è una grande opportunità che la società ci offre per aiutarci, soprattutto, a diventare migliori in grado di saper vivere, donne e uomini liberi" (3) 3 N. Ordine, Classici per la vita. Una piccola biblioteca ideale, La nave di Teseo, Milano 2016.

LA STRUTTURA DEL CORSO

La Formazione ha un carattere esperienziale: l'attenzione viene posta prima che sui problemi, sulla conoscenza della Insegnante come Persona; potrà così avvicinarsi con una consapevolezza nuova, alla conoscenza del mondo interiore dei bambini. Poi, certamente, anche sulle problematiche specifiche dei bambini stessi, così come pure dei maestri, osservate da punti di vista differenti, con progressivi ampliamenti. Per tutte le situazioni si prevedono proposte di modalità diverse e alternative da sperimentare nelle classi. Tutto arricchito da approfondimenti, discussioni e verifiche.

LA NASCITA DELLA PERSONA-MAESTRA

di ANNALISA PICCIRILLI

*Quando penso al Metodo Matrioska mi viene sempre in mente l'immagine di un cavallo nervoso e imbizzarrito che piano piano si calma e scopre che esistono tante andature, impara ad andare al trotto per poi correre felice, sapendo che potrà superare anche gli ostacoli. Dipende da chi gli sta in sella e tiene le redini. Ecco, il Metodo a me ha insegnato a tenere le redini. All'inizio della mia professione come maestra non avevo la consapevolezza della loro importanza, né la certezza di saperle tenere ben salde, le redini. C'è voluto un lungo percorso, fatto di ascolto, di azioni, di studio e sperimentazioni, di perplessità e conferme, di fiducia e impegno. Ho iniziato come Pollicino, raccogliendo i sassolini per trovare la strada, si chiamava così il primo corso di Formazione proposto dalla dott.ssa Ceriati nel 2001, "I sassolini di Pollicino". Fui totalmente coinvolta dal suo approccio. Da lì partì un Progetto che entrò nelle nostre classi capovolgendo per sempre il nostro modo di fare scuola, **"Tamburi di Pace"**. Il Metodo Matrioska è l'evoluzione, su base scientifica, delle innovative intuizioni di Mariangela. Durante la Formazione e la Supervisione in presenza ho imparato a tenere le redini, ma soprattutto ho scoperto la gioia di capire chi avevo davanti, i bambini ancor prima degli alunni. È stato un cammino personale alla scoperta delle emozioni che animano le azioni; ho acquisito la capacità di gestire l'ansia per lo svolgimento delle attività didattiche; ho compreso il significato di "prestare attenzione/dare importanza"; ho riscoperto la mia vena ironica e burlesca; ho assaporato il dialogo interiore con "l'io maestra"; ho imparato* a togliere l'abito rigido della docente in cattedra per andare incontro ai bambini. Il mio viaggio alla scoperta del Metodo è partito dai ricordi di me alunna. Uno dei momenti vissuti in classe con i bambini che "sento" con maggiore intensità, è quello delle fatidiche "interrogazioni". Lezione di storia (ma potrebbe essere qualsiasi altra materia...) "Allora bambini vediamo un po' oggi chi si era prenotato per raccontare...ah Greta, dai che ti ascolto..." Arriva con andatura incerta, l'aria di chi vorrebbe farne a meno, ma non può. La invito a sedersi di fronte a me e nel mentre la osservo. È preoccupata. Poche manciate di secondi ed avverto il suo disagio, lo percepisco quasi allo stomaco. Lo riconosco. Lo stesso che provavo quando ero io dall'altra parte... Tutte le volte che mi interrogavano pensavo "Ecco, non mi ricordo niente...adesso faccio la solita figura, non mi crederà che ho studiato, avrò studiato male come al solito..." solo che dall'altra parte non c'era nessuno ad incoraggiarmi, nessuno che avesse voglia di "vedere" oltre la mia paura. Così, immersa nei miei ricordi istantanei, tanto lontani quanto potenti nel rievocare le stesse identiche emozioni di Greta...le sorrido e faccio di tutto per metterla a suo agio. "Sei preoccupata? Dai coraggio, lo so che hai studiato, non avere paura, sono qui per ascoltarti e se serve per aiutarti... e sono sicura che, alla fine, ti conquisterai una bella "piuma del pavone!" Greta si rilassa, e io con lei. Fa un bel respiro e incomincia l'esposizione. Non mi sono mai piaciute le "interrogazioni", e dopo tanti anni ancora non riesco a dimenticare le mie. Aggiungo, per fortuna! Il Metodo Matrioska ha rivoluzionato per sempre il mio modo di essere maestra. Non ho semplicemente acquisito delle strategie di gestione della classe o delle tecniche per gestire l'emotività ed essere empatica con i bambini. Il Metodo ha cambiato il punto di osservazione, ha scardinato i paradigmi e gli assiomi dell'insegnante in *cattedra, ha stimolato i pensieri più veri e profondi. Sono assolutamente consapevole che solo accogliendo il cambiamento prima dentro di me, come Persona, e poi come professionista, è stato possibile vivere questa rivoluzione metodologica nella mia classe!*

LA SCANSIONE DEGLI ARGOMENTI

Scuola dell'Infanzia:

➤   Il singolo – Il gruppo

➤   Autonomia – responsabilità: quando, come e perché.

➤   Le Regole – La Disciplina: come fare con i più piccoli.

➤   I miti da sfatare: "il bambino pigro"; "il bambino con il carattere "forte";

➤   "Il bambino che non si sa come prendere"; "il bambino violento";

➤   È giusto che il bambino pianga?

➤   Le emozioni: come fare? Accoglierle? Favorirle? Controllarle? Alcune si e altre no?

➤   Strillare in classe

➤   I "problemi" di apprendimento.

➤   FARE PREVENZIONE sui Disturbi Specifici di Apprendimento (DSA). Scuola Primaria:

➤   Il singolo – Il gruppo;

➤   Regole–Disciplina/ Motivazione–Gratificazione per i bambini e le bambine dai sei ai dieci anni;

➤   Per "l'insegnante Persona": saper "vivere" l'empatia a partire dalla propria parte infantile; le differenze tra empatia e invischiamento; gli aspetti apparenti e profondi delle relazioni;

➤   L'apprendimento cognitivo; l'apprendimento con la psicologia didattica;

➤   La scienza ci insegna come insegnare nell'epoca moderna: modi e tempi per un apprendimento efficace con la guida degli scienziati Rizzolatti, Medina, Damasio e altri;

➢ I"problemi" di apprendimento;

➢ I temi che scottano: il corpo, l'eccitazione, i cattivi sentimenti;

➢ "Fare a meno del bullismo si può";

➢ L' "ADAGIO".

➢ IL GIOCO / I GIOCHI PSICO DIDATTICI e PSICO EDUCATIVI.

➢ La FORMULA della FELICITA': 3R+G+ (C+R) +G2 = GIOIA! Dalla teoria alla prassi e alle "buone prassi":

➢ L'attenzione all'ambiente: la cura del proprio spazio di vita. Il rispetto per il lavoro degli altri, i bidelli.

➢ La merenda e il pranzo. Una occasione per organizzare una "Educazione alimentare" intesa anche come prevenzione sui problemi alimentari.

➢ La mensa: una ottima opportunità per "rendere operativi" i "Tre Rispetti" (Rispetto per sé stessi, rispetto per gli altri, rispetto per l'ambiente).

L'ORIENTAMENTO EDUCATIVO

PENSIERI

Nella prima classe è fondamentale porre l'attenzione massima a educare il bambino alla convivenza civile. Si mettono le basi per la costruzione del suo MODO di STARE al MONDO. Nei primi due anni è piuttosto il caso di occuparci di prestare attenzione e dare importanza alle "competenze relazionali e sociali" piuttosto che alle "competenze", (secondo la definizione pomposa che serve agli adulti) per quanto riguarda gli apprendimenti didattici, con addirittura la pretesa della loro valutazione. Quello che serve ai bambini è invece che arrivino messaggi di facile comprensione, univoci, coerenti, piacevoli, costanti e persistenti nel tempo che rappresentino tanti semi che si insinuano e vanno in profondità in un terreno morbido e recettivo. Tra questi è bene insistere sull'importanza delle regole. Con il messaggio chiaro e persistente anch'esso, che le regole sono utili per stare bene insieme; che è importante stare bene; che ciascuno di loro è importante e che tutti i compagni, tutti i bambini sono importanti; che ognuno ha bisogni e necessità che tutti devono riconoscere e rispettare.

LA FORM-AZIONE ATTIVA IN CLASSE

Tra il dire e il mare… c'è di mezzo il "fare"

AZIONI

Ecco quindi, che il completare la Formazione con il lavoro di co-conduzione in classe, che rappresenta uno degli aspetti più qualificanti di tutta l'organizzazione del Metodo Matrioska, è il modo più lineare e consequenziale per alleviare gli insegnanti; per togliere dalle loro spalle il peso di impegni male-impostati e ancora peggio mal-trasmessi ai bambini. La scelta operativa prevede che uno psicologo/una psicologa con formazione Matrioska, "educazionista", (come mi piace definirci), si affianchi alle insegnanti direttamente nella loro "impresa" di gestione della classe, per mettere insieme il modo di guardare didattico e il modo di guardare psicologico". È il modo più efficace con cui rendere concreto l'insegnamento "emozionale-cognitivo", che attiva integralmente i due emisferi cerebrali; per mostrare il "come fare" in certi momenti specifici e cosa mettere al posto dei comportamenti appresi con modalità "standardizzate". Stare in classe insieme, condividere gli sguardi, costruire insieme modi nuovi di stare con i bambini, così come attraversare insidie, condividere emozioni, cambia completamente tutta l'intera impostazione dell'apprendimento.

PENSIERI STRUTTURANTI

È una vera e propria rivoluzione educare e formare i bambini, avendo come obiettivo il vederli felici e godendo della loro felicità. Occuparsi di renderli individui, come direbbe Edgar Morin. Quando l'obiettivo non è soltanto l'istruzione ma la FORMAZIONE di individui che si sentano realizzati nelle loro capacità cognitive e per le loro esigenze affettive ed emozionali è la cosa più bella, più gratificante di tutto il lavoro di una MAESTRA, di un MAESTRO.

GUARDARE E SAPERE VEDERE

PENSIERI

Carissimi tutti. Eccoci qui, dunque!

Pronti a partire per un'avventurosa scalata sul monte che possiamo chiamare **"Scoprire Insieme"**. Questa scalata sarà piena di conquiste, anche se con tante incognite, per voi stessi e per i bambini. Io sono pronta a fare la stessa scalata con voi, ad accompagnarvi attraversando con voi boschi, pietraie, radure, prati, zone piene di neve. Il mio desiderio è di riuscire a funzionare come una guida alpina, che vi condurrà alla scoperta di tanti paesaggi sconosciuti e di tanti panorami dalla bellezza mozzafiato; ma anche come una sherpa che vi alleggerirà dalla fatica del trasporto dei vostri "bagagli" (i vostri fardelli emotivi). Scopriremo insieme un modo particolare di accompagnare i bambini verso le loro conquiste, assecondandoli nella loro maturazione neuro psicologica. Ma anche per voi ci saranno conquiste che segneranno la vostra vita, e saranno nei termini di "conoscenza e consapevolezza"! Inizio subito con una prima proposta. State tranquilli, non è nulla di faticoso: si tratta semplicemente di "una cosa strana". Vi chiedo di concentrarvi sulle vostre emozioni, sul vostro stato d'animo. Certamente non avete dimestichezza con questa "attività particolare": imparare a riconoscere in primo luogo voi stessi/e come PERSONE.

Dunque, partiamo con le domande: Come state? Come vi sentite? Prendetevi un po' di tempo per cercare la risposta dentro di voi. Una seconda proposta impegna maggiormente la vostra organizzazione mentale, e fa capo alle vostre credenze. Provate ad accettare un dato ormai scientificamente conclamato, conosciuto da tanti di voi, ma ben poco calato nella dimensione di una reale acquisizione, di un reale cambiamento di atteggiamento e di comportamento: pertanto, le facoltà cognitive e l'intelligenza si combinano prodigiosamente con le emozioni, le sensazioni di benessere, gli scambi relazionali su base EMPATICA, il sentimento di FELICITA', la GIOIA, che funzionano come potenti attivatori. Provate ad accettare come un dato di fatto che il cambiamento di prospettiva e il capovolgimento della zolla parte proprio da voi. Anche se non ne siete convinti, anche se rimanete perplessi e non sapete come affrontare queste dichiarazioni; fate finta di "credere" che siete voi che tenete nelle vostre mani quella zappa che penetra in profondità e dissoda un terreno, che deve avere la preparazione adeguata a ricevere i nuovi semi. Più avanti scopriremo quello che scaturirà partendo da questa prospettiva.

Questo particolare tipo di Formazione vi metterà in grado di conoscere veramente, vivendola, la tanto misteriosa empatia (di cui si conosce la definizione, ma non si sa cosa sia "nella pratica"); di sentirvi, anche voi, "un po' piccoli e un po' grandi", come dicono i bambini, un po' bambini, un po' adulti; mentre voi permettete ai bambini di sentirsi stimolati come grandi (sempre e comunque in relazione alla propria età) e compresi come piccoli. Tutto parte dai BAMBINI e dalla RELAZIONE.

La RELAZIONE dell'insegnante con ogni bambino e con ogni bambina, e dei bambini tra di loro; quindi al primo posto c'è l'incontro tra le persone: non l'insegnante con la classe, con gli alunni, ma la persona maestra/maestro con la persona bambino e bambina, con ogni bambino/a in maniera chiaramente differenziata; poi c'è il bambino/a con la maestra/il maestro e con i compagni. La costruzione della RELAZIONE nella dimensione duale ogni volta con ogni bambino/a, prima che con il gruppo e con "la classe", è il fondamentale impegno degli insegnanti, ed è valorizzata come il perno intorno a cui si costruisce "l'evento dell'apprendimento".

Non temete: non correte nessun rischio di perdere qualcosa, anzi, con la Formazione Matrioska il ruolo degli insegnanti si rivaluta e si riqualifica. L'accettazione di attribuire, tra i vostri compiti, la priorità assoluta all'attenzione alla Relazione con ogni bambino e bambina, e poi con tutti i bambini del gruppo-classe, cambia il punto di vista, la prospettiva e introduce una diversa percezione di voi stessi e dei bambini. Su questa base potete accettare di mettervi in gioco; scoprite così di poter recuperare come valori e come capacità riconosciute, le vostre dotazioni umane; scoprite, tra tante altre cose, come poter rivalutare la vostra empatia, le vostre risorse personali, la creatività, la fantasia, come straordinari strumenti e come metterli a disposizione dei bambini. Partire dai BAMBINI cambia completamente l'ottica. Infatti, è ben diverso se nella vostra organizzazione della didattica, nel vostro ruolo di insegnanti, o di maestri vi lasciate guidare dall' obiettivo di gratificare i bambini, di farli sentire capaci, di farli sentire bravi e di dare loro il riconoscimento per tutto il loro impegno, per i loro sforzi, per le loro conquiste! Tutto ben diverso dall'ottica della valutazione, che spesso diventa ossessione nel sistema scolastico tradizionale! All'inizio può apparire più impegnativo e faticoso, ma, nel giro di poco tempo, l'arrivo di una gratificazione molto più costante e appagante fa scomparire la fatica e al suo posto arriva l'entusiasmo e si irradia la GIOIA! Infatti, proprio grazie a questa dimensione psicologica, affettiva, umana, accogliente, rassicurante e non giudicante, vedrete i bambini aprirsi, rasserenarsi; li vedrete accettare di imparare volentieri, con entusiasmo, con partecipazione, con gioia. In una parola, i bambini diventano alunni più gratificanti, che restituiscono anche a voi l'orgoglio di sentirvi efficienti, con la conferma che la vostra didattica è efficace.

"Maestra, quando mi spieghi tu la matematica, io la capisco, perché tu me la spieghi in italiano!" "E come te la spiega l'altra maestra?" "In matematica"

Francesco, 8 anni.

COME SI COSTRUISCE LA RELAZIONE

PENSIERI

Domanda: gli insegnanti come possono entrare in contatto con i bambini? Come avviene questa costruzione della relazione? Risposta: con l' "ADAGIO". Con la parola Adagio si possono intendere tante cose. È un movimento musicale: avete presente l'Adagio di Albinoni? (In realtà non è di Albinoni, ma noi tutti lo conosciamo così).

Certamente, per chi ogni mattina indossa come un camice da lavoro (un tempo non lontano tante maestre indossavano un grembiule, rigorosamentre nero, ovviamente. Oggi questa consuetudine è quasi completamente scomparsa). Il ruolo di insegnante per prepararsi a incontrare i bambini in uno spazio ben distinto, può essere ben diverso entrare nella sua classe avendo nella testa una bellissima melodia, una musica; e immaginarsi, quando si trova di fronte ai bambini, di essere in un teatro, sul podio del direttore d'orchestra.

Toc, toc, toc, batte la bacchetta su leggio e inizia il lavoro/impegno di avviare l'armonizzazione dei vari e diversi strumenti (i bambini) secondo il movimento musicale dell'"adagio".... In una composizione musicale con la parola "adagio" si intende il carattere della sua esecuzione, cioè l'andamento piuttosto lento che il musicista dovrà tenere per tutta la durata della partitura...È quindi una bella esortazione: non c'è bisogno di avere fretta, si può incominciare adagio, tranquillamente...con calma... Ma ADAGIO è anche un acronimo.

ADAGIO:

Sono i punti di riferimento utili e preziosi per l'insegnante sul come "armonizzare" il suo personale atteggiamento, in sintonia con i bambini, a seconda dei momenti e delle situazioni.

1) **A** CCOGLIENZA
2) **D** ISCIPLINA
3) **A** UTORITA'
4) **G** RATIFICAZIONE
5) **I** NCENTIVAZIONE
6) **O** SSERVAZIONE.

E così l'ADAGIO assume la funzione di un promemoria che aiuta l'insegnante nella costruzione dello spazio fisico, mentale e affettivo con i bambini. Ogni giorno e in qualunque momento della giornata ci sia bisogno di un appiglio per una situazione particolare. Sono sei passaggi necessari.

1) **ACCOGLIENZA:** (con le diverse sfumature come Accudimento, Attenzione, Amore) accogliere i bambini con disponibilità empatica.

2) **DISCIPLINA:** prestare attenzione alla gestione della classe: è il passaggio che permetterà di "compattare" tutta la classe, prima di poter avviare qualunque attività didattica.

3) **AUTORITÀ:** per ottenere il rispetto dai bambini e insegnare loro a dare la giusta considerazione alla figura dell'adulto; È importante portare i bambini ad accettare il fatto che è l'insegnante che ha il controllo della situazione e che loro, i bambini fanno quello che dice la maestra/ il maestro.

4) **GRATIFICAZIONE:** Quando dimostrano la propria disponibilità ad accettare l'insegnamento o la richiesta dell'adulto, qualunque esso sia, è molto importante che il bambino o la bambina venga tempestivamente gratificato/ a. Ogni volta che un bambino/una bambina cambia un

proprio comportamento inadeguato e si dimostra disponibile a rispondere positivamente alla richiesta dell'insegnante, si è "guadagnato/a" il riconoscimento di quella che deve essere considerata una conquista, e deve ricevere una gratificazione. Subito, senza aspettare.

5) **INCENTIVAZIONE:** Quando quella disponibilità si ripresenta, è importante ancora lodarlo, lodarla, fargli, farle una carezza (quando è possibile), fargli, farle un complimento, mettere una stellina (vedi più avanti) etc.; sono tutti incentivi positivi che rinforzano la sua "motivazione".

6) **OSSERVAZIONE:** è poi importante non abbandonare i bambini alla loro "responsabilità", ma continuare a seguirli con un'osservazione costante per ripetere a quelli che insistono nell'errore gli stessi messaggi di correzione, in maniera costante e persistente. I bambini sono i primi che hanno bisogno di verificare quanta importanza noi attribuiamo alla richiesta che abbiamo fatto. Fa tenerezza osservare la loro strategia, sempre uguale: quando accennano a ripetere il comportamento che abbiamo corretto, state pur certi che ci tengono gli occhi puntati addosso, per vedere come noi ci comportiamo: se confermiamo la nostra richiesta, dandole importanza, o ignoriamo il tutto, perché oramai ce ne siamo dimenticati e siamo passati ad altro, lasciandoli liberi di riprendere il comportamento scorretto. Ecco perché l'osservazione è di estrema importanza, per notare tutto, e ribadire e rinforzare la richiesta fatta.. Considerate, quindi, che è importantissimo prestare sempre attenzione al comportamento dei bambini:

1) Insistere a dare sempre gli stessi messaggi di riconoscimento, il più possibile proprio nel momento in cui si verifica il comportamento, sia quello positivo che quello indesiderato. Dare stelline o messaggi di contenimento.

2) Guardarli continuamente: è sbagliato perdersi, ad esempio, nella correzione dei quaderni, e restare con la testa bassa, magari anche per dieci minuti buoni, senza alzare la testa. Poi, è chiaro che si troverà lo sfacelo, e quindi sarà necessario fare partire l'urlo!

3) Dare subito un riscontro positivo proprio a quei bambini su cui si è esercitato un contenimento più stretto. Appena accetta il comando e si adegua: "Bravo! Ecco, hai visto come sei bravo a fare le cose per bene! È proprio così che si fa! Ti metto una bellissima stellina... anzi, due, visto che hai imparato un comportamento tanto bello!

4) È importante insistere a confermare lo stesso messaggio e che la maestra/il maestro spieghi sempre ai bambini come vuole che loro facciano le cose (per quanto rigurda i comportamenti orientati alla disciplina e al rispetto) e come vuole che si comportino. Di tutto questo i bambini hanno bisogno per sentirsi motivati ad aprirsi agli altri, a se stessi, alla conoscenza; altrimenti si chiudono...soffrono, non imparano, ... spesso, si ammalano. Tenete bene presente un dato: è il COME che ha la massima importanza, e quindi sono I MODI che cambiano le situazioni. È con la pratica, e con il coinvolgimento della visione psicologica che potete scoprire, in un modo sempre più chiaro, come sia possibile anticipare, prevenire, pre-vedere situazioni problematiche o di difficoltà per questo o quel bambino o bambina, e quindi, in altre parole, realizzare la prevenzione primaria. Questa diventa una realtà agita durante la presentazione dei concetti, durante lo svolgimento delle materie. La maestra / il maestro scoprono come sia possibile integrarla con quella secondaria (nei confronti di tanti disagi psicologici, malesseri e somatizzazioni, anticipazioni di bullismo, disturbi dell'apprendimento, condizioni ansiose e/o depressive), perchè in questo modo è più facile individuare le difficoltà

e organizzare interventi rapidi e tempestivi. La possibilità di una correzione immediata o quantomeno tempestiva su comportamenti disarmonici o su qualunque manifestazione di difficoltà scolastica o relazionale aumenta notevolmente la sua efficacia.

I NUOVI CONCETTI

PENSIERI

Il concetto della:

1) gratificazione sta al primo posto tra i cambiamenti del punto di partenza e dei punti di vista. Altro colpo di zappa per capovolgere un punto di riferimento consueto. Al posto di rimproveri, ramanzine, mortificazione, strilli. Senza negare la necessità, nei casi opportuni, anche di riprendere e rimproverare, ma sempre e comunque con un atteggiamento educativo, non come "sfogo emotivo" dell'insegnante.

Altro aspetto:

2) la moderazione e la modulazione con cui calibrare richieste, aspettative, proposizioni di difficoltà a seconda dell'età e del momento di sviluppo e maturazione; quindi il fare molta attenzione a distribuire le giuste proposte classe per classe, momento per momento, bambino/a per bambino/a. Partire dai bambini significa anche ribaltare la preoccupazione di seguire il programma, e preoccuparsi, piuttosto di procedere SOLO quando tutti abbiano ben compreso un determinato argomento. Altrimenti è paradossale, poi, lamentarsi delle lacune! È così che le lacune vengono create, proprio dagli insegnanti! E ancora:

3) la responsabilizzazione come processo. È opportuno tenere presente che nelle prime classi della Scuola Primaria, fino alla terza, a esempio, per non parlare poi della materna, i richiami alla responsabilità sono un inutile appesantimento, assolutamente inopportuno. La

responsabilità, infatti, è una conquista neuropsicologica che arriva non prima dei sette anni. Bisogna piuttosto pensare alla responsabilizzazione come un processo di maturazione da costruire, lavorando in questo senso e guidando i bambini al suo conseguimento. "Una farfalla, le strappo le ali e guarda, un peperoncino!" Un allievo lo mostra al proprio maestro. E il maestro: "No, non è così, ascolta. Un peperoncino, gli metto le ali e guarda, una farfalla!" Un grazie ad Alejandro Jodorowsky. Dalla sua Danza della Realtà ho ricavato questo haiku giapponese, straordinariamente esplicativo di quanto un cambiamento di prospettiva sia in grado di trasformare la realtà!

LA CLASSE "MATRIOSKA"

I PRIMI GIORNI DI SCUOLA

PENSIERI

Entriamo dunque, subito in una "classe matrioska"; questo vi permetterà di stabilire un primo approccio con un modo di guardare i bambini del tutto nuovo e particolre. Tenete sempre presente che si parte dalla vostra Relazione con loro. È vero, non siete abituati a farlo, ma con la guida dell'ADAGIO tutto diventa più facile.

BISOGNI NON DOVERI

PENSIERI STRUTTURANTI

Sia a scuola che in famiglia i bambini hanno bisogno di: sentirsi all'interno di relazioni affettivamente significative; sentirsi riconosciuto; sentire di appartenere allo spazio in cui trascorre le sue giornate; potersi identificare in modelli gratificanti; sentire di avere un ruolo; sentirsi capace; sentirsi inserito in un percorso in cui cresce, si sviluppa, progredisce, migliora. trovare negli adulti delle figure di riferimento a cui mostrarsi (mostrare "quanto è brava/o") per riceverne riconoscimento, e da cui sentirsi guidato/a. Tutto questo struttura il senso di identità di ogni individuo /bambino. E sarà poi facile che ogni bambino, arricchito di un senso di sé strutturato e definito (anche se in progressiva evoluzione e maturazione) accetti ogni proposta didattica con piacere, con interesse, con attenzione. Piuttosto che con l'ossessione del programma, ben diverso è aprire la mente e il cuore di un bambino alla CONOSCENZA, mettendo al primo posto la sua creatività, le sue ricchezze, la sua fantasia; queste sono le dotazioni da cui partire, su cui costruire l'apprendimento, mettendolo costantemente in relazione al momento specifico della sua maturazione e ai suoi bisogni psicologici. Ma tenendo anche presente che ogni bambino è identico agli altri, per tanti aspetti, e contemporaneamente, diverso. Inoltre, c'è il bambino che per compiere alcuni passaggi di maturazione ha bisogno di pochi mesi, un altro di un periodo più lungo, anche molto più lungo. L'importante è continuare ad avere fiducia, in quello che si sta facendo e soprattutto in lui o lei. La necessità di individuare tempestivamente nei bambini ogni particolare segnale di disagio, diventa una modalità agita nelle attività quotidiane, come attenzione ai bisogni di ogni bambino o bambina, e la ricerca delle risposte adeguate a ognuno /a, in ogni situazione. Per ogni bambino e bambina i passaggi sono:

1) conoscenza empatica
2) osservazione
3) conoscenza delle caratteristiche, delle dotazioni, delle potenzialità
4) individuazione dei blocchi emotivi e dei bisogni
5) scelta operativa
6) applicazione
7) osservazione degli effetti
8) verifica
9) valutazione finale

CAMBIAMENTO DI PROSPETTIVA N. 1

Ma impariamo pure a vedere e a dare importanza, tra i bisogni primari dei bambini:

al GIOCO,

al MOVIMENTO, al CANTO, alla MUSICA

all'AMORE,

alla GIOIA,

al PIACERE,

al SENTIRSI ACCETTATI.

Concetti di cui spesso gli insegnanti pensano di non avere bisogno, e si concentrano esclusivamente su: dovere, impegno, responsabilità, attenzione, concentrazione. È necessario cambiare certi atteggiamenti mentali, rivedere alcune priorità. Partire dai bambini implica necessariamente partire prendendo in considerazione, in primissimo luogo, le condizioni emotive e gli stati d'animo dei bambini. E... ormai, già lo sapete, anche i vostri. La didattica verrà dopo.... Con calma... **L'adagio!** Ora, seguito dal punto esclamativo ha un ulteriore significato: è un'esortazione ad andare piano... lentamente... senza fretta... adagio, per permettere ai bambini di comprendere, adattarsi, rassicurarsi, lasciarsi catturare... imparare. Ecco, dunque la **maestra/il maestro** (quanto è bello questo nome! Quanto è ricco di significati profondi che, concettualmente, lo avvicinano ai livelli dell'eccellenza, e, a livello affettivo, alla figura della mamma! O al papà quando c'è il **maestro**. E se diamo la giusta considerazione al fatto che ci troviamo nell'ambito della prima infanzia, con bambini dai cinque ai dieci anni, che hanno specifiche esigenze affettive, non c'è nulla di "scandaloso" nel dare ad esse il dovuto riconoscimento.

PENSIERI STRUTTURANTI

La maestra/il maestro sa che deve tenere in considerazione diversi aspetti: il primo è che il bambino che entra in prima, dopo avere lasciato la "scuola materna", non può essere un bambino tranquillo. Dentro, nel suo cuore, avrà una miriade di emozioni e di stati d'animo, anche se fuori dimostra poco o nulla: un misto di paura, eccitazione, curiosità, fra tante facce nuove e sconosciute; nostalgia del passato, timore del nuovo, paura di non essere all'altezza, paura che gli verranno fatte richieste troppo difficili, paura di non sapere, di non saper fare, di essere preso in giro, di essere preso per scemo/a; invidia per il fratello o la sorella più piccoli che vanno ancora all'asilo, gelosia per la sorellina o il fratellino più piccoli, ancora in carrozzina, che se ne ritorneranno a casa con mamma, che avranno mamma tutta per sè, mentre loro saranno lontani; ansia di dimostrare alle nuove maestre quanto sono bravi, quante cose sanno, quante cose sanno già fare, ansia perchè il tempo passi velocemente, così se ne potranno tornare presto presto nella loro casa! Oppure, per altri il livello dell'ansia sarà tale che hanno bisogno di sfogarla sul corpo, non riescono a stare seduti, a stare fermi, hanno bisogno di muoversi, di parlare in continuazione. Questi aspetti si stanno manifestando sempre con maggiore frequenza soprattutto in questi ultimi anni post-covid. Le difficoltà degli insegnanti stanno quindi aumentando a dismisura.

AZIONI

La "maestra/il maestro Matrioska" sa che, prima di

pretendere dai bambini la disponibilità a concentrarsi su aspetti cognitivi, dovrà rendersi disponibile a dare attenzione a tutte queste emozioni, per poterle tranquillizzare, per poterle sistemare ciascuna nel suo spazietto giusto: in una parola, per accogliere ogni bambino, bambina, tutti i bambini con la loro **realtà emotiva**.

L'incapacità del sistema scolastico istituzionale a prendere in considerazione queste esigenze ha delle conseguenze drammatiche nei termini di "induzione" di problematiche di vario genere. In prima (classe), i bambini si sentono addosso tante aspettative superiori alla loro età, alle loro possibilità, alle loro capacità, e ne hanno tanta paura. Hanno quindi bisogno di sentirsi accolti, visti, riconosciuti, tranquillizzati, rassicurati... amati. A partire dal primo giorno di scuola, i bambini nella classe matrioska respirano un'atmosfera di attenzione al Rispetto: verso sé stessi e verso gli altri, verso il luogo che è la loro classe, dove vivono per tutte le ore che stanno fuori casa, il loro ambiente. La correzione di un eventuale comportamento inadeguato, che vada contro i concetti del Rispetto in generale, non deve avere come finalità la bontà: "devi essere un bambino buono, una bambina buona!" (concetto del tutto astratto e lontano dalla comprensione e dalla motivazione di un bambino, almeno fino ai sette anni). I bambini piuttosto debbono sentire di riceverne un vantaggio, un guadagno. Quando un bambino, una bambina si sente capace di cambiare e di imparare qualcosa di diverso o qualcosa in più, e si sente, riconosciuto/a, gratificato/a, si sente bene, sta BENE. È felice, e impara! Dall'allacciarsi le stringhe delle scarpe, al non prendere in giro i compagni, alla formula di matematica. Quindi la maesta/il maestro sa che dovrà dedicare i primi quindici/venti giorni di scuola, o il tempo che ci vorrà, alla creazione delle relazioni, alla dimostrazione delle REGOLE, alla caratterizzazione e all'abbellimento dell'ambiente, o meglio dello SPAZIO in cui i bambini dovranno VIVERE e lei/lui con loro.

PENSIERI

Questo primo periodo va inteso come una specie di "camera iperbarica", in cui i bambini potranno riadattarsi a una nuova "respirazione", a ritrovare ossigeno al di là di ansia, problemi di separazione, in primo luogo dalla mamma, dalle maestre della scuola dell'infanzia, dagli amichetti, dall'ambiente conosciuto della scuola materna; potranno trovare rassicurazione per tutte le aspettative confuse e sconosciute che sono state buttate addosso, nei modi più sconsiderati e dalle persone più diverse: genitori, fratelli, nonni e parenti vari, conoscenti. A partire da questo primo periodo è straordinariamente importante e significativa la collaborazione tra insegnanti e psicologi. Insieme volgeranno lo sguardo sui i bambini per costruire insieme la conoscenza del bambino, della bambina che passerà con loro un periodo importantissimo della sua crescita e della sua evoluzione. Spesso non ci rendiamo conto che i nostri figli non sono la versione di noi adulti in miniatura: ogni età ha le sue peculiarità anche dal punto di vista anatomico, fisiologico, biologico, neurologico, psicologico. È quindi sbagliato (e talvolta può essere pericoloso) pensare che debbano essere trattati nel medesimo modo. Eppure, è proprio quello che succede normalmente sia a scuola che in famiglia. Non c'è distinzione tra i bambini, anche piccolissimi e gli adulti, i bambini, anche piccoli e piccolissimi vengono resi partecipi di ogni aspetto della vita dei genitori, anche quella sentimentale e intima. I bambini sono onnipresenti; non c'è spazio di separazione tra loro e i genitori, e gli adulti, e vengono coinvolti nei discorsi, nelle relazioni, nelle scelte e nelle decisioni. Ahimè!

AZIONI

In classe, le attività saranno quanto più possibile facili, accessibili, comprensibili, per tutti; simili a quelle della scuola materna: lavoretti di manualità, disegni, collage, ritagli etc. Ma anche canzoncine, balletti, ascolto di musica. Bisogna sempre considerare che sono gli stessi bambini che soltanto due mesi prima vivevano in un'atmosfera da "scuola materna". Ora è sbagliato pretendere, come con uno schiocco di dita, che siano cresciuti, tutti pronti al cambiamento che deve rappresentare la SCUOLA PRIMARIA. Molti riescono a adattarsi velocemente. Molto altri fanno più fatica, anche se questo non lo si vede, non lo manifestano, non lo dimostrano. Il messaggio per i bambini sarà: "questa è la nostra classe; questo è lo spazio in cui staremo per un bel po' di tempo; ci dobbiamo stare bene, lo dobbiamo rendere nostro, lo dobbiamo rendere bello. Lo dobbiamo sentire "amico!" Il compito degli insegnanti è quello di creare un'atmosfera di accoglienza; di permettere ai bambini di sentirsi accettati, di favorire una loro identificazione nel gruppo attraverso una operosità creativa, ludica e divertente, su una progettualità basata sull'entusiasmo per compiti che abbiano un significato chiaro e ben definito, di facile comprensione, facili da realizzare, alla portata di tutti, e per cui si possa ottenere una partecipazione collettiva.

PENSIERI/AZIONI

In questo periodo cara maestra/caro maestro, ti darà una bella sensazione di leggerezza sentirti libera/o dal pensiero/preoccupazione/ossessione per le spiegazioni, per il programma, per tutto ciò che di specifico si riferisce alla didattica; potrai dedicarti a ricercare un incontro con ogni bambino e bambina nella sua immediatezza, per conoscerli, conoscere l'organizzazione mentale di ciascuno o ciascuna, il suo modo particolare di reagire all'ambiente; come ha recepito e organizzato gli stimoli di vario tipo via via ricevuti; conoscerne gli aspetti di creatività, immaginazione e fantasia, riconoscere il particolare tipo di intelligenza, ancor prima di arrivare ad una valutazione sul piano prettamente didattico. Ma non solo: sarà questo il periodo fondamentale, in cui scavare le fondamenta della vita collettiva in classe; in cui introdurre le regole, il concetto e l'organizzazione della "disciplina".

PENSIERI

È importante tenere presente che la motivazione reale che muove i bambini in una classe prima, non è tanto quella di imparare: ma di giocare, stare con gli altri bambini, stare in relazione con la maestra/ con il maestro. Questo vale ancora di più oggi, dopo un periodo così "strano" e difficile in cui, a causa del Covid, hanno perso tanti punti di riferimento, tante relazioni significative, tante consuetudini e ritualizzazioni preziose. I bambini hanno bisogno di ricevere messaggi chiari e convincenti sul "cosa si deve fare adesso", "qui, in questo momento", "in questo luogo." Sono confusi e spesso si comportano secondo questa confusione. È bene accettare questo come punto incontestabile di partenza, almeno per non stupirsi o infastidirsi tutte le volte in cui i bambini stessi porteranno delle deviazioni nel "lavoro" che è nell'intenzione dei maestri. Senza ansie (questa volta sue) dovute ai soliti riferimenti "obbligati", la maestra, il maestro, puo' occuparsi anche dei bambini tristi o addirittura piangenti; può avvicinarsi a loro, consolarli, "ascoltarli empaticamente" e può predisporsi alla ricerca della frasetta giusta, magica per ciascuno, che potrà almeno permettere loro di trovare un qualche appiglio, una qualche motivazione per resistere allo squarcio di separazione che sentono dentro, e di arrivare, progressivamente, alla fine dell'ora, alla fine della mattina, alla fine della settimana... È solo passando attraverso queste fasi che anche il Luca che ha incominciato a "creare problemi", potrà arrivare ad aprirsi e ad accettare di ricevere aiuto in quel "luogo" nuovo che smetterà di essere tanto pauroso e minaccioso. Tornando alla classe allargata, in questo modo i bambini vengono avviati al riconoscimento sia delle proprie capacità relazionali (farsi degli amici), sia operative, con le attività di allestimento, di qualunque tipo esse siano, anche le più semplici o banali: dal tagliare con le forbici, al fare i disegni, a usare la colla ecc., per arrivare a imprese sempre più complesse.

AZIONI

L'attenzione che non dovete mai perdere di vista è sul principio che loro vivano le richieste come qualcosa che sanno già fare, qualcosa di facile, di molto facile, per alcuni anche troppo facile. Ci saranno anche i bambini che sbufferanno, che si sentiranno superiori, che dichiareranno la loro noia, che la dichiareranno a casa, e i genitori si precipiteranno allarmati a protestare, a reclamare la didattica, a esprimere dubbi sul metodo, a dirvi impauriti la frase "classica", meravigliosa: "Ma poi, alle medie, potrebbe avere dei problemi!" Noi preferiamo occuparci dei problemi di oggi di quel bambino o di quella bambina, che proprio con la sua noia, ce ne sta raccontando qualcuno. Quindi, niente paura, è tutto sotto controllo, maestri e genitori sappiano, che nell'apparente semplicità, non c'è nulla di improvvisato, nulla di lasciato al caso.

PENSIERI

Comunque, in classe, la "cosa facile da fare" può essere

lo stimolo migliore anche per i più timidi o timorosi, con deficit di autostima, ad esprimersi, a manifestare le proprie potenzialità, sulla base di un riconoscimento che dovrà arrivare sempre; li aiuterà a superare l'ansia dovuta alle nuove aspettative dei genitori e degli insegnanti, la paura di fronte a richieste che possono essere formulate in modo incomprensibile. Li aiuterà ad affrontare in modo dinamico quelle situazioni che spesso imprigionano in atteggiamenti difensivi di ostinato attaccamento all'onnipotenza, di progressiva identificazione di sé in un ruolo negativo, e potrà disporli ad aprirsi verso relazioni appaganti e costruttive, verso curiosità dirette verso il mondo che li circonda, e quindi, verso **l'apprendimento**. Di qualunque tipo esso sia. Con queste semplici "manovre", cara maestra, caro maestro, concediti di DARE IMPORTANZA al fatto che hai operato per la costruzione della **fiducia:** nella maestra/nel maestro, di fronte alla quale il bambino, la bambina può smettere di sentirsi invisibile, trasparente, e incominciare a sentirsi presente, reale, può sentire la propria consistenza, perché la maestra/il maestro si è accorta/o di lui, di lei di ciò che lo e la preoccupa, spesso anche della sua sofferenza; la costruzione della fiducia in se stesso e in se stessa (ce la potrà fare); e la costruzione della fiducia nei compagni (mi fanno sentire accettato/a). È utile anche considerare che qualunque messaggio rivolto ad Andrea o a Martina, è sempre bidirezionato: vale contemporaneamente anche per tutti gli altri bambini che provano gli stessi sentimenti. Ed è anche una delle prime "dimostrazioni" di uno dei principi portanti del Metodo:

IL PRINCIPIO DELL'AIUTO

Ci troviamo di fronte alle varie emozioni dei bambini, che inevitabilmente, sollecitano emozioni anche nella maestra/

nel maestro; e se la maestra/il maestro avrà imparato sufficientemente a riconoscerle dentro di sé, potrà vivere momenti belli e preziosi di commozione e di tenerezza. Se usiamo uno zoom per osservare tutto da più vicino, scopriamo altre cose: altri aspetti che sono nati spontaneamente, senza nessuno sforzo, da quelle situazioni che, a una osservazione superficiale e disattenta possono apparire semplicemente una perdita di tempo, o una gran confusione e basta: e invece la maestra/il maestro ha messo altri semi per i grandi, fondamentali concetti dell'appartenenza, della possibilità della identificazione, della possibilità del riconoscimento; importantissimi dal punto di vista psicologico. Con essi si possono mettere, in maniera consapevole e organizzata, le basi utili per qualunque ulteriore processo di crescita, di acquisizione di nuovi stimoli, di accettazione dell'apprendimento. Ecco, quindi, che, subito dopo il primo periodo dei 15/20/30 giorni dedicato alla "camera iperbarica" arriva il tempo per stabilire, per gli insegnanti, il motto:

PRESTARE ATTENZIONE/DARE IMPORTANZA

E lo attiviamo prima possibile collegandolo alle esigenze fondamentali dei bambini: la rassicurazione e una accoglienza calda, empatica e tranquillizzante.

UN NUOVO MODO DI
SENTIRSI MAESTRI

PENSIERI

Ora ci occupiamo di un argomento che per molti di voi potrà essere completamente sconosciuto; una novità assoluta. È un aspetto di grande importanza, anche se ancora piuttosto misconosciuto, il fatto che un insegnante, qualsiasi materia insegni, non potrà in alcun modo non dare anche informazioni su sé stessa o su sé stesso, su cosa prova, su quello che è. Paul Watzlawick, un'autorità nella trattazione della comunicazione umana, ci dice che "è impossibile non comunicare", spiegando che la comunicazione ha sempre due aspetti, quello che riguarda la notizia, e quello che riguarda la relazione. Benché il compito di insegnare imponga di insegnare una materia, non avverrà mai solo questo. I fattori umani fanno sì che un insegnante possa venire percepito come simpatico, antipatico, affabile, autoritario, despota, disponibile; l'insegnante verrà riconosciuto e connotato anche, e soprattutto, per le sue caratteristiche umane, oltre che per la sua competenza o meno nella materia che insegna. Sono stati fatti moltissimi esperimenti, che hanno comprovato scientificamente in moltissime occasioni come l'insegnante con più capacità umane, più empatico, riesca anche a proporre, a comunicare meglio la sua materia, ottenendo risultati più interessanti, rendendo cioè più efficace, fruibile, interessante il suo insegnamento, e facilitando l'apprendimento della materia stessa. Se lo svolgimento delle lezioni avviene in un clima per così dire positivo, sostenuto dalla gioia di fare, dall'entusiasmo, dove l'insegnante riesce a porre l'accento più sulle possibilità che sui limiti, che riesce cioè a motivare positivamente gli allievi, questo inciderà ineluttabilmente sul rendimento scolastico (Cavaciocchi, 2012)[3].

Succede spesso che gli insegnanti reagiscano con nervosismo a certi discorsi, e questo perché si spaventano. Oppure le obiezioni frequenti sono: "Ma non c'è niente di nuovo; queste cose già le sappaimo... già le facciamo". Bene; ma allora facciamoci una domanda, ma con molta onestà: se tutte queste cose già si sanno, già si fanno, come mai ci sono tanti bambini con diagnosi di disturbo di apprendimento o di comportamento, tanti che comunque dimostrano malesseri, tanti che soffrono; tanti ragazzi e bambini che volgliono scappare dalla scuola, tanti bambini, ho detto proprio bambini, che arrivano perfino al suicidio? Perchè la scuola italiana sta al trentaseiesimo posto su 57 paesi nella valutazione mondiale delle scuole? Non si può rimanere impassibili nel constatare che questo attesta che la preparazione dei nostri bambini, da zero a sei anni, sembra essere davvero peggiore di quella di certe nazioni perfino del "secondo mondo". Ma comunque è perfettamente vero: molti di voi tante di queste cose già le fanno, ma in maniera improvvisata, casuale, per particolari capacità o intuizioni personali. Altri si spaventano anche perché non sanno riconoscere quello che sanno fare, perché è qualcosa di talmente intuitivo, spontaneo, che non lo vedono nemmeno. Altri protestano, si difendono: è troppo difficile! È troppo impegnativo! I bambini in classe sono troppi, e tanti con grossi problemi, ecc... ecc... C'è una piccola parola che cambia enormemente tutto, che illumina questo perché e gli da un senso; è: COME!

Il punto nodale è proprio quello di arrivare ad accettare un fatto: molti bambini diventano problematici perché l'approccio è sbagliato; è l'approccio didattico o pedagogico che non funziona. Nella ricetta per "cucinare bambini intelligenti", come dice il biologo molecolare John Medina, manca qualcosa, un ingrediente che si è rivelato fondamentale: manca l'aspetto psicologico. La pedagogia da sola non basta più. Ci vuola la psicologia! E quindi ecco che un maestro, una maestra Matrioska sa rivestire i panni anche di un bravo cuoco, di una brava cuoca, ed è capace di aggiungere, quando e dove serve, qua un po' più di zucchero, là più lievito, qua un po' di latte, forse anche un po' di sale, e, soprattutto conosce la regola fondamentale: seguire con molta attenzione la cottura. I risultati saranno succulenti!

LA CLASSE COME TEATRO

PENSIERI STRUTTURANTI

Consideriamo ora qualcosa che può rappresentare un altro ribaltamento, inusuale, e che può diventare addirittura piacevole: considerare la classe come un teatro. Forse non lo immaginate, ma dovete sapere che attingere agli insegnamenti dell'arte teatrale, e prestare attenzione e dare importanza al modo di insegnare, agli aspetti legati alla figura fisica della PERSONA/INSEGNANTE, e quindi alla postura, alla gestualità, a come è giusto e opportuno presentarsi a dei bambini, a come si sta in classe, a come si fanno e cose, a come si parla, etc, etc., può aiutarvi tantissimo e darvi perfino un pizzico di divertimento. Cara maestra/caro maestro, immagina una partenza diversa; attiva dentro di te la fantasia e immergiti nel mondo dei bambini. Impugna la bacchetta del direttore d'orchestra, (che è anche una bacchetta magica) e... toc,toc,toc, avvia la conduzione dell'orchestra. Sul tuo giradischi mentale (è più aderente al mondo delle favole l'immagine di un vecchio giradischi) appoggia delicatamente la puntina del pick-up sul disco di Albinoni, goditi le sue note, e lasciati ispirare per la scansione del tuo ADAGIO.

Accetta di sperimentare un cambiamento poderoso e adotta tutte quelle modalità che corrispondono ad una nuova consapevolezza di te stessa, e di te stesso. Puoi imparare a scegliere come atteggiare il corpo, il tono della voce, decidere se stare in piedi, sederti, o girare per l'aula, avvicinandoti di volta in volta a un bamino o a una bambina. Vedrai quanto tutte queste modalità quando corrispondono, piuttosto che a situazioni casuali, ad una decisione sulla base della situazione particolare con quel particolare bambino o bambina sono in grado di fare la differenza. Sono tutte cose di grandissima importanza che non è difficile imparare a fare. Anzi, più ti renderai conto di quanto possano arricchire, e "funzionare", più diventeranno piacevoli e divertenti. Quanto più in certi momenti la "persona che insegna" sa rinunciare alla sua veste di "docente", e sa assumere il ruolo di "professionista dell'infanzia", che sa "stare dentro e fuori" dal suo ruolo, perché sa di poterne assumere diversi e non ne ha paura, tanto più la sua funzione di educatore, di educatrice, di chi prepara alla vita, risulterà efficace e metterà semi per buoni frutti. Chi ha il compito di educare e lo fa in modo "sufficientemente buono" (parafrasando Winnicott che parla di "madre sufficientemente buona") sa mettersi alla stessa altezza del bambino, della bambina per poter "entrare" in comunicazione empatica con lui, con lei, cioè poter "sentire la sua emozione", il suo stato d'animo, il suo bisogno, non soltanto quando soffre, ma anche quando è stanco, o stanca, o ha semplicemente necessità di un po' di gioco, perfino di ridere (esigenza assolutamente misconosciuta nella scuola). Senza però perdere il punto di riferimento del "contenimento" dei bambini e sapendo recuperare rapidamente il suo ruolo di leader, quando è il momento di dire basta, per non permettere loro di superare i limiti consentiti. E diciamolo apertamente: anche gli insegnanti hanno tanto bisogno di divertirsi di più e di ridere di più; di provare di più il piacere per quello che fanno. E volete sapere che cosa può capitare? Che degli insegnanti, ex-docenti, si innamorino sempre di più dell'idea di diventare "MAESTRI"; questo è grazie alla Formazione Matrioska che introduce una modalità di leggerezza nell'insegnamento, di ricerca del piacere nel fare le cose e nel costruire percorsi di vita che siano duraturi ed efficaci per i bambini e per i maestri tutti.

Anche questo fa parte della GIOIA! Bisogna comunque considerare che ci vuole tanto tempo e tanta pazienza per permettere a chi vorrà farlo, di cambiare punti di riferimento, identificazioni, abitudini, modi di vedere e percepire le situazioni strutturate. E non è facile imparare a fare proprio il METODO MATRIOSKA con cui trasmettere ai bambini le diverse educazioni, comprese quelle che fanno capo alle 3R + G, per una educazione globale!

LE 10 PEPITE D'ORO

PENSIERI

Quindi, ricapitolando: le prime due classi della Primaria sono idealmente unificate; la prima classe è il momento della preparazione del terreno e della semina. La seconda classe sarà il momento per l'avvio della raccolta. La classe prima è dedicata:

1) alla costruzione delle relazioni e della fiducia;

2) a dimostrare come le Regole sono fondamentali per stare bene tutti insieme, come servono per poter fare tante cose belle, piacevoli, interessanti, utili, divertenti;

3) a istituire il principio dell'aiuto (aiutare e farsi aiutare), basilare per contrastare il bullismo;

4) a costruire il gruppo, l'**identità del gruppo** come un insieme di tante individualità, tutte potenzialmente trainanti, a seconda delle proprie capacità e dotazioni;

5) a organizzare la trasmissione dei concetti ai bambini permettendo loro di sentirsi capaci di imparare tutto quello che viene loro proposto, sia nozioni che comportamenti. È molto importante dare la percezione di quanto sia bello lasciarsi attirare, catturare, affascinare dalla CONOSCENZA, quella del mondo fuori e quella del mondo dentro, del loro cuore, dei loro sentimenti, delle loro emozioni; quanto sia bello sentirsi capaci di dare e prendere aiuto. Da parte dei maestri è cosa molto buona mostrare ai bambini un atteggiamento rivolto verso la positività, la FIDUCIA; dimostrarsi sempre convinti della possibilità di realizzazione e di successo per ogni bambino/a; DARE ad ogni bambino ad ogni bambina l'occasione di sentirsi bravo e brava;

6) ad attivare, in classe, una attenzione privilegiata

verso aspetti del tutto trascurati come la gentilezza e il "bello", portando l'attenzione anche sulle cose belle, su atteggiamenti belli, su quello che di bello accade; sulle emozioni o sui sentimenti "belli"! Di come sia bella e piacevole la sensazione di calore quando abbiamo freddo e indossiamo un giacchetto, e questa sensazione la proviamo sul corpo e nel "cuore", o quanto è bello sentire un venticello sulla pelle quando, a primavera, incominciamo a indossare magliette con le maniche corte. L'attenzione alle sensazioni fisiche rende il loro corpo presente, concreto, vissuto;

 7) a insegnare la solidarietà, l'amicizia, la consapevolezza di sé, l'empatia;

 8) a educare i bambini a considerare i comportamenti ogni volta come la derivazione di una scelta; 9) a suscitare passioni; è questo l'obiettivo principale degli insegnanti;

 10) a stimolare la MOTIVAZIONE, sapendo che non dipende solo dai bambini, ma da chi insegna, dai genitori, dal contesto in cui vivono, attraverso il piacere che si prova nel sentirsi bravi, sia per quello che si impara, sia per come si sta a scuola e nel mondo. Consideriamo tutti questi concetti come simili alle pepite: l'oro è la loro consistenza, ma va "lavorato", "liberato", "ripulito" dalla roccia o dalle incrostazioni in cui è racchiuso. Il Metodo Matrioska penetra in profondità, dissoda il terreno nel "campo", capovolge la zolla e questo fa sì che il campo non sia più lo stesso e possa diventare un giardino.

I SEMI

AZIONI

Nel terreno da riorganizzare daccapo, come spesso sono le classi che partono con la prima che una volta si chiamava "elementare", il METODO MATRIOSKA vuole agire come una zappa; quindi noi non ci accontentiamo di togliere un po' di erba secca per avviare la semina, ma affondiamo la zappa e capovolgiamo la zolla, per preparare il terreno ad una nuova semina. Tutto questo ci viene facile, perché oltre che scalatori "in erba", siete e siamo tutti anche appassionati di giardinaggio e sappiamo bene che tutto questo è necessario per fare una cosa che sembra spesso difficilissima: cambiare prospettiva, capovolgere i punti di riferimento, i punti di partenza. Cambiare il modo di guardare le cose. Ma poi diventa anche facile; basta incominciare!

PENSIERI

Cara maestra, caro maestro, (ora mi da un piacere particolare chiamarvi così), continuiamo la nostra salita e affrontiamo una parte un po' più ripida. Ora dobbiamo scoprire i passaggi attraverso cui riusciamo a organizzare una nuova modalità per la conduzione dell'attività scolastica: la psicologia didattica. Questa capovolge i punti di riferimento tradizionali e così i capisaldi diventano:

❖ I bambini imparano PER AMORE, della mamma, del papà, delle maestre e dei maestri;

❖ Ciò che li fa muovere nella loro vita cognitiva ed affettiva, ciò che attiva la loro intelligenza, è la MOTIVAZIONE;

❖ Ciò che protegge la loro autostima e dallo stimolo per progredire è la FIDUCIA;

❖ La condizione irrinunciabile per l'apprendimento cognitivo è il rispetto per i bisogni emotivi dei bambini. Di fondamentale importanza è il riferimento alle conoscenze scientifiche delle neuroscienze riguardo al funzionamento del cervello, alla sua "educabilità" riguardo alle competenze cognitive e agli aspetti emozioni.

❖ Nel cervello, i due emisferi, il sinistro cognitivo ed il destro emozionale, partecipano insieme all'apprendimento.

❖ Gli attivatori delle facoltà cognitive e dell'intelligenza sono le emozioni, le sensazioni di benessere, i vissuti di EMPATIA, il sentimento di FELICITA', la GIOIA.

❖ La tensione verso il sapere, lo scoprire, lo sperimentare, quindi l'AMORE per la CONOSCENZA, (vale a dire, l'APPRENDIMENTO), sono caratteristiche innate di ogni bambino. Non esiste il bambino pigro.

❖ La PREVENZIONE è il segreto per una buona gestione della classe. Tutto questo sempre con il riferimento alla parola d'ordine PRESTARE ATTENZIONE/ DARE IMPORTANZA che nella sua semplicità, lo scoprirete, rappresenta un punto di forza straordinario, Ora il terreno è pronto. Dobbiamo scegliere I SEMI.

SEME N.1: pedagogia e psicologia si fondono, lavorano insieme, si armonizzano. Questo avviene con la stretta, e armonica condivisione delle attività in classe tra MAESTRA/ O e PSICOLOGA/O "EDUCAZIONISTA", vale a dire con una formazione secondo l'ottica del Metodo Matrioska. Le loro funzioni sono diverse, ma entrambi si trovano fianco a fianco a guardare i bambini dalla stessa prospettiva, dallo stesso punto di vista. Si muovono come le due mani "operose", la mano destra e la mano sinistra, che sono le artefici di tutte le costruzioni, di tutte le creazioni, dalle più semplici alle più ardite, dalle più umili alle più sublimi. Sulla base di questa collaborazione si costruisce la psicologia didattica, con un approccio educativo-didattico che scandisce un apprendimento ampio: cognitivo, emozionale, sociale, in cui atto didattico e attenzione educativa si realizzano nello stesso momento. L'insegnante può trasmettere concetti e conoscenza e contemporaneamente occuparsi della CONOSCENZA DI SÉ dei bambini e quindi, della FORMAZIONE DEGLI INDIVIDUI. L'efficacia della coppia insegnante-psicologo/a sta nella condivisione di tanti punti: per primo, l'impegno a guidare i bambini alla conoscenza di sé e del mondo, al riconoscimento dell'altro come uguale, all'amore per l'ambiente utilizzando percorsi simbolici e metaforici di forte impatto emotivo: i Giochi Psicoeducativi.

SEME N.2: di estrema importanza anche per la ricaduta sulla gestione della classe, è l'istituzione del "PRINCIPIO DELL' AIUTO". Sul terreno bene arato e concimato non cresce la gramigna del bullismo.

SEME N.3: parlare la lingua dei Bambini, il bambinese, vale a dire il GIOCO. Dare importanza ai canali comunicativi con cui i bambini capiscono meglio il mondo dell'adulto che sono le METAFORE, le RAPPRESENTAZIONI SIMBOLICHE, le fiabe, la magia, è un altro PUNTO di FORZA straordinario!

SEME N.4: Affiancare alle proposte sui vari argomenti, cioè alla didattica, diversi percorsi simbolici, i GIOCHI PSICO-EDUCATIVI, con cui guidare i bambini alla conoscenza del proprio mondo interiore, alla scoperta delle proprie emozioni, dei propri sentimenti, delle proprie sensazioni; guidarli nell'organizzazione delle loro relazioni; a diventare consapevoli di sé e degli altri, con l'empatia.

IN CLASSE: "IL RITMO DEL TEMPO"

AZIONI

Continuiamo con la nostra salita su quel monte da cui, giunti sulla vetta, guarderemo il mondo con occhi diversi. Per organizzare le mattinate in maniera tranquilla, ordinata, serena c'è un modo infallibile: organizzare il susseguirsi delle attività e delle ore pianificandole secondo momenti scanditi, ritmati, ritualizzati, ogni giorno uguali, con un margine di elasticità ridotto, perché altrimenti si fa molto presto a tornare nella confusione dannosa per tutti: è il RITMO del TEMPO. Con la scansione dei MOMENTI definiti e denominati, i bambini imparano a crearsi dei riferimenti costanti: sanno sempre cosa aspettarsi, cosa "verrà dopo"; e questo è molto importante per la loro serenità. I tempi ritmati servono tanto ai bambini, che ne hanno bisogno, ne ricavano tranquillità, rassicurazione, piacere, agio, benessere; ma anche agli insegnanti che si avvantaggiano nel sentirsi un treno su un binario, piuttosto che un battello in balia delle correnti.

CARTELLONE

8:00 – È bello ritrovarsi (saluto, canto, attribuzione dei ruoli e dei simboli)

8:15 – **Lo sai che** (raccontiamoci; i bambini avranno bisogno di RACCONTARE, RACCONTARSI, FARE DOMANDE, ESPRIMERE EMOZIONI.)

9:00 – Allacciamo le cinture (o alziamo e vele dei Galeoni) ... si parte. Spazio conquiste.

10:10 – RICREAZIONE: Si organizza il momento della merenda. O con le tovagliette o secondo le possibilità del momento (buon appetito! / giochiamo insieme!)

10:50 – C'era una volta... (la maestra racconta)

11:15 – Allacciamo le cinture (o alziamo e vele)... si parte (spazio conquiste)

12:45 – Volo con la fantasia... (io creo) 13:10 – È stato bello... (la colomba ci mostra una cosa bella della giornata)

13:20 – **Le formiche** al lavoro (riconsegna dei giacchetti, preparazione degli zaini). (È ovvio che i momenti da cadenzare e gli orari si possono modificare sulla base di esigenze specifiche e diverse). Gli apprendimenti sociali Ci sono momenti specifici, nelle ore che si trascorrono nelle classi. che possono essere trasformate in piccoli progetti di educazione al RISPETTO per l'AMBIENTE.

Insegnare ai bambini a PRESTARE ATTENZIONE E DARE IMPORTANZA, al giusto utilizza dei materiali, della carta, al riciclo, al non spreco (e quindi: attenzione alla carta che cade sul pavimento; a non versare l'acqua sul banco o per terra; a spegnere le luci, sono tutti piccoli e facili comportamenti che si possono ottenere dai bambini, che se ne sentiranno orgogliosi. Infatti, l'economista Andrea Di Stefano sostiene che poiché la caratteristica fondamentale della biosfera è la capacità di sostenere la vita, la comunità umana deve essere progettata in modo che i suoi STILI DI VITA la sua economia e le sue tecnologie non interferiscano con questa capacità della natura. Educare a una partecipazione ragionata costituisce una prima indicazione, con azioni finalizzate nelle scuole, a partire da quelle dell'obbligo. (D.S.A 2020). Bisogna insegnare ai bambini fin da quando sono piccoli l'alfabeto della natura, perché imparino realmente a conoscerla e ad amarla. Questo è il modo per rendere vivo e sentito quello che va sotto il nome di "rispetto per l'ambiente", perché non sia una semplice cantilena da recitare. I momenti in cui i bambini vanno in bagno diventano anche educazione all'igiene; i momenti della merenda e dei pasti diventano anche educazione al rapporto con il cibo (che passa anche attraverso il modo con cui ci si "accosta al cibo"): tovagliette sui banchi (è in primo luogo attenzione all'igiene), atmosfera tranquilla, senza agitazioni, senso generalizzato di ordine, sono condizioni fondamentali per avvicinare i bambini a un rapporto sano con il cibo e con il proprio corpo, piuttosto che tutti in piedi, o a girellare per i banchi, con in mano i fagottini con panini, pizza o altro, e con i piedi che si muovono per giocare a calcio con pallette "inventate", sbriciolando o facendo cadere pezzi o sgocciolature di sugo di pizza sul pavimento, o facendo cadere bottigliette d'acqua con piccoli allagamenti su quaderni o compagni. E in tutti questi momenti c'è sempre anche l'attenzione al rispetto per gli altri, in questo caso, al rispetto del lavoro dei bidelli (ben diversa dal concetto che è anche un grave pregiudizio: "Tanto poi puliscono i bidelli: è il loro lavoro!".) A questo proposito si crea il GIOCO:

IL MONDO PULITO E' IL MIO PREFERITO

Alla fine di ogni attività, chiederete ai bambini di dedicare qualche minuto per ripristinare l'ordine e la pulizia sui banchi, e, a turno spazzeranno il pavimento. È previsto il coinvolgimento dei bidelli: saranno loro, infatti, gli arbitri che, ogni giorno metteranno le stelline per valutare e ringraziare i bambini. Alla fine di ogni mese la classe riceverà un piccolo premio.

IL RISPETTO DELLE REGOLE

AZIONI

Viene presentato ai bambini in un modo particolarmente originale, come un percorso che si definisce sempre come un cammino verso una Conquista. La partenza è stabilita dalle loro esigenze fondamentali: lo stare bene in classe, avere tanti amici, sentirsi rispettati, sentire rispettato e riconosciuto il loro desiderio di imparare, anche se a volte si nasconde dietro a attimi di paura.

STELLINE E CUORICINI

AZIONI

È una esperienza comune e assolutamente generalizzata, e lo constatiamo molto bene con le favole, che "storie metaforiche" raggiungono i bambini molto più direttamente di ogni discorso o di ogni razionalizzazione, così come incentivazioni simboliche possono risultare molto più convincenti di qualunque spiegazione o ramanzina. Da qui la scelta del percorso di conquista che li porta ad acquisire il Rispetto per le regole in modo naturale, spontaneo, partecipato e con una forte motivazione emotiva. Deve essere chiaro: Le STELLINE premiano il COMPORTAMENTO, i CUORICINI LE GENTILEZZE. L'attribuzione delle STELLINE e dei CUORICINI ha l'obiettivo di pemettere a TUTTI i bambini di verificare che esistono degli ambiti che scavalcano le aspettative didattiche, in cui è possibile sperimentare la sensazione di SENTIRSI CAPACI, di VENIRE LODATI, di ottenere uno sguardo perfino di ammirazione da parte dei compagni, e in cui il successo DIPENDE da loro e, a volte, è perfino facile. Maestra/maestro: "Bambini, oggi dobbiamo appendere un bel cartellone. È il cartellone delle STELLINE e dei CUORICINI. Io ho già scritto tutti i vostri nomi. E oggi incominciamo subito con questo GIOCO. Questo poi è il CARTELLONE delle REGOLE. Gurdate che carino. Questo lo appendiamo qui. Andrea e Antonella, venite ad aiutarmi ad appenderlo. Grazie! Questo qui.... L'altro là; Luca e Martina adesso mi aiutate voi! Grazie! Lo sapete cosa sono le REGOLE? Le vedete, sul cartellone sono indicate alcune di quelle cose da fare che ci servono per stare bene tutti insieme. Si chiamano Regole e sono come delle stradine per la felicità. Tutte le volte che le rispetterete, riceverete in premio una stellina. Ma c'è un'altra cosa che a noi piace veramente tantissimo: è quando qualcuno ci fa una gentilezza. E allora, se impariamo tutti a essere gentili, si sta proprio bene insieme. Quindi: quando farete una gentilezza a un compagno, a una compagna, anche alla maestra, o alla bidella, vi sarete meritati un cuoricino. Alla fine di ogni settimana conteremo le stelline e chi ne avrà ricevute almeno venti guadagnerà la STELLA d'ARGENTO. Quante settimane ci sono in un mese? Andiamolo a scoprire (...) Benissimo. Quattro. Chi guadagna quattro volte la STELLA D'ARGENTO, alla fine di ogni mese, si guadagna la STELLA D'ORO. Pensate che bello sarà avere tante stelle d'oro e d'argento! Sono sicura che questa diventerà una stanza tutta sfavillante perché tutti conquisterete tante stelline d'argento e d'oro!"

SIGNIFICATO E SCOPO DELLE STELLINE E DEI CUORICINI

PENSIERI

Utilizziamo uno zoom, e guardiamo da più vicino il significato di questo GIOCO PSICOEDUCATIVO.

➢ La possibilità di DIFFERENZIARE il RENDIMENTO SCOLASTICO dai COMPORTAMENTI è di estrema importanza per i bambini: è un sollievo dall'ansia, così tanto spesso presente, ed evita che per quei bambini che presentano anche delle piccole difficoltà di adattamento, di inserimento, di apprendimento, e che spesso, per difesa, adottano comportamenti inadeguati, la percezione di sé diventi sempre più legata ad un FALLIMENTO TOTALE. In questo caso l'autostima crolla e i bambini si rifugiano sempre più in comportamenti reattivi disfunzionali. Questo peggiora ulteriormente tutta la situazione, e determina spesso anche il fallimento pressoché costante dei tanti interventi di correzione o anche di terapia.

➢ Un secondo obiettivo è quello di affrontare lo spinoso discorso delle REGOLE, tanto spinoso quanto sottostimato nella sua importanza, con modalità che vengono facilmente accettate dai bambini, condivise, con un vissuto di forte coinvolgimento emotivo. Nella scuola tradizionale le regole vengono immancabilmente enunciate, ma regolarmente disattese. Tutto, comunque, dipende dagli insegnanti! E anche dai genitori. Gli insegnanti (e i genitori) debbono considerare che le regole:

➢ Hanno una funzione di contenimento; aiutano i bambini a capire come comportarsi, come affrontare il mondo intorno a sé;

➢ Aiutano i bambini a conoscere i limiti: essi con le

REGOLE, imparano cosa possono o non possono fare e da ciò
guadagnano sicurezza.

IL CAPOVOLGIMENTO DELLA ZOLLA

PENSIERI

Immagino che ad alcuni di voi verrà in mente il commento: "ecco qua! Un'altra fatica in più per noi. Ora dobbiamo anche abituarci a tutta un'altra organizzazione delle cose!" È vero! È proprio così. Infatti ora io vi chiedo di abituarvi a PRESTARE ATTENZIONE e DARE IMPORTANZA prevalentemente ai comportamenti corretti e di imparare a sottolinearli con gratificazioni e incentivazioni. Questo, è davvero un bel capovolgimento della zolla; infatti, ribaltata, completamente le modalità tradizionali a cui siete abituati, secondo cui il bambino/la bambina vengono ripresi e sgridati quando fanno qualcosa di sbagliato. La modalità Matrioska pone l'attenzione piuttosto che sul bambino, sulla bambina, sul comportamento scorretto. Questo evita che si senta lui /lei sbagliato o sbagliata, ed evita che ne riceva una forte mortificazione. Vi ho parlato della mia intenzione di funzionare per voi come una sherpa! Eccomi, dunque, pronta a fornirvi tutti gli alleggerimenti più opportuni. Intanto, procediamo con calma, senza fretta, con il giusto cadenzamento. Dunque, è importante precisare alcuni punti: le stelline hanno lo scopo di costruire occasioni gratificanti, e di far nascere nei bambini una motivazione autentica e sentita per il rispetto delle regole; di fare percepire questa loro adesione come un percorso di successi e di conquiste ricevendone soddisfazione, gratificazione e un grande piacere.   Anche voi proverete un vero conforto quando scoprirete una cosa inaspettata: e cioè che Le Stelline riescono sorprendentemente, a creare tensione verso conquiste nuove e diverse. E presto assisterete a una magia: migliora il comportamento e... migliora perfino il rendimento scolastico. **Questo può essere il primo motivo di conforto!** Altro enorme vantaggio è che questa modalità vi aiuta a evitare interruzioni di tipo repressivo durante le vostre lezioni, per intervenire su situazioni di distrazione o di disturbo; le conseguenze in termini di efficacia del lavoro, di benessere e di salute sul piano personale, di condizioni ottimali perdute sul piano professionale e di perdita di rendimento nei confronti dei bambini risultano evidenti. Ecco un secondo motivo di conforto!

AZIONI

ESEMPI: la maestra/il maestro dirà "Bravo Alessandro che hai alzato la mano, hai conquistato una bella stellina!". Oppure: "Benissimo Alice, sei proprio brava per come stai seduta bene composta vicino al banco! Una stellina per te!". "Antonella, hai raccolto la matita ad Alessandro. È una gentilezza proprio carina: ecco un cuoricino per te!". Preparatevi ad assistere alle prime magie: Vruuuum! la stellina data ad Alice produce la magia che tutti si sistemano sulle sedie e assumono la postura richiesta. E il cuoricino ad Antonella provoca spesso una ecatombe di matite lasciate cadere intenzionalmente per poi andare a raccoglierle. Cari insegnanti. Toglietevi di dosso lo sguardo arcigno del giudizio morale su questo comportamento dei bambini, diventate maestri e sorridete con tenerezza. È assolutamente normale e va benissimo così. Tanto poi ci siete voi ad insegnare a fare le cose per bene e secondo i criteri giusti! E ancora: "Giovanni, se fai così perdi l'occasione di guadagnare una stellina... oppure, questa cosa che hai fatto ad Antonio è molto brutta. Guarda Antonio com'è triste. Anche tu lo saresti se Antonio avesse fatto la stessa cosa a te! Forse puoi riuscire a farti perdonare da lui e a farlo tornare a sorridere; e ad avere voglia di essere tuo amico. Sarebbe bello se tu potessi anche conquistare un bel cuoricino!". In questo modo i bambini si sentono comunque accettati; la maestra/o non li esclude perché sono stati un bambino, una bambina cattiva/o, e comprende che ricevere l'approvazione della maestra/del maestro dipende da lui, da lei, e può riuscire a riconquistarla. Quando poi questo avviene la gioia è grande: si sente capace di svolgere bene un compito, felice di corrispondere alle aspettative della maestra, del maestro. Questo insieme di sentimenti e di emozioni genera il desiderio che la cosa si ripeta; si forma quindi un circolo virtuoso verso l'acquisizione di comportamenti adeguati; infatti, anche la correzione di comportamenti scorretti avviene senza escludere la possibilità della gratificazione. In questo modo l'autostima non solo non viene ferita, ma può continuare a crescere. Alla fine della settimana, la maestra/il maestro organizza il rito del contare le stelline guadagnate. Ecco il "gioco dei numeri", stando bene attenti ad avere la partecipazione di tutti. I bambini si possono aiutare con i pastelli e le matite. Quanti giorni ci sono nella settimana? E quante stelline mancano per arrivare a dieci? E a venti? ... e quante bisogna aggiungerne? E se Giorgio ha nove stelline ed Elisa ne ha sette, chi ne ha di più e quante ne può guadagnare Elisa per raggiungere Giorgio? E così via... I Cartelloni debbono essere collocati in modo da essere ben visibili da tutti, di modo che i bambini abbiano la possibilità di controllare i propri successi, di averli sotto gli occhi. I bambini provano un grande interesse misto a piacere a "tenere sotto controllo" l'ammontare delle stelline e dei cuoricini. Controllano, verificano, contano, sommano, sottraggono, commentano con compagni e con le maestre. Così fanno matematica, senza accorgersene, senza saperlo, senza rendersene conto, senza sentirsi intimoriti. E che problema c'è se non hanno la consapevolezza che stanno facendo una materia? Che cambia per loro? Quello che conta è che imparino. E se questo avviene con un vissuto di piacere e di entusiasmo, perché questo dovrebbe essere un problema? Un po' più avanti nel tempo si potrà dire loro: "Lo sapete che cosa stiamo facendo quando facciamo il gioco dei numeri? Stiamo facendo matematica. Avete visto come è facile? Avete visto che tutti siete stati in grado di capire le cose? Visto che non c'è motivo di averne paura!"

PENSIERI

Ovviamente tutto questo va bene in questo momento, a questa età particolare. Non sarà sempre così e tutto verrà ricompilato e riadattato rispetto alle esigenze di altri momenti e di altre età. Attraverso il compito di assegnare le stelline, sarete stimolati a ricordare di prestare la vostra attenzione a fare rispettare le regole. (Sembrerà banale ma non lo è affatto). Comunque, nell'attribuire Stelline e Cuoricini, è assolutamente necessario che voi seguiate un rigido criterio, rispettando condizioni precise. Ci vuole:

✓ costanza
✓ continuità
✓ persistenza
✓ coerenza
✓ durata nel tempo
✓ per tutto il tempo che sarà necessario
✓ direttamente sul comportamento desiderato
✓ nel momento in cui si verifica, sia nel senso positivo, sia quando, invece, bisogna riprendere un bambino che ha fatto qualcosa di non ammesso.

Cose da non fare: assegnare stelline e cuoricini alla fine della giornata creare confusione tra comportamento e didattica: bisogna sempre ricordare che le stelline sono il premio per la dimostrazione di saper rispettare le regole e i cuoricini per i gesti di gentilezza; rendere stelline e cuoricini un sostituto dei voti. È bene che voi sappiate che se volete veramente raggiungere l'obiettivo che i bambini imparino a rispettare le regole, è molto importante che abbiano la sensazione di avere davanti a sé una strada tracciata verso obiettivi gratificanti, ma contemporaneamente utili e produttivi, che avranno modo di riconfermare e consolidare sempre di più, di anno in anno, fino alla conclusione dell'esperienza scolastica. Così pure è importante offrire ai bambini e alle bambine diverse e numerose possibilità di identificazione in un sé positivo e in modelli positivi, e su cosa possa aiutarli a trovare un riconoscimento nel gruppo. Durante l'anno sarà di grande aiuto istituire momenti in cui si assegnano piccoli premi (anche solo una matita, o una gomma un po' speciale) con i quali accompagnare i bambini nel loro percorso, e sottolineare le loro conquiste. Li incentiva parecchio; e anche i genitori.

A PROPOSITO DI FERMEZZA = AUTORITÀ

PENSIERI STRUTTURANTI.

Il discorso della disciplina è di importanza capitale se si vuole organizzare un bel lavoro utile ai bambini del gruppo e gratificante per chi ha delle responsabilità così ampie verso di loro. Vale quindi la pena, secondo me, soffermarci con alcune riflessioni che ci portano più in profondità. Consideriamo un fatto fondamentale: ci sono tanti bambini che non hanno ricevuto quasi nessuna educazione ad una convivenza collettiva e tanto meno ad avere un punto di riferimento nell'adulto. Questi bambini sono abituati a stare con gli altri come stanno con i genitori, con un atteggiamento volto ad assecondare assolutisticamente il principio del piacere e completamente restii a ricevere richieste da chicchessia.

AZIONI

Ci sono quindi momenti o circostanze, in cui la Maestra/il Maestro Matrioska si trovano nella necessità di intervenire nei confronti di quel o quei bambini che ne avessero bisogno, utilizzando consapevolmente un atteggiamento di fermezza nell'imporre il rispetto di una regola. Oppure possono utilizzare qualche strategia. Faccio un esempio: Andrea (o Martina) incomincia a dare fastidio a un compagno o alla classe. È possibile che lo scopo sia quello di "attirare l'attenzione". In ogni caso sta comunicando, in un modo sbagliato, qualcosa che noi ancora non conosciamo. Purtroppo, il suo modo di comunicare è talmente sbagliato che altrochè se attira l'attenzione! Piuttosto fa saltare i nervi! Quando è così, la cosa migliore è provare a corrispondere a questa esigenza, senza darle una connotazione negativa. La strategia migliore è sempre quella di ribaltare la condizione emotiva di Andrea (o Martina), che presumibilmente è di disagio e/o di ansia, ma anche soltanto di voglia di non fare quello che chiede la maestra. "Andrea (Martina!), vieni che ti devo dare un incarico importante. Ora tu vai dalla bidella e le chiedi, per favore, di darti il gesso". Così si "smonta" il comportamento inadeguato sviando l'attenzione. Va bene qualunque altro stratagemma possa ideare l'insegnante. Andrea (Martina) si aspettano di essere sgridati; noi, invece, ribaltiamo la situazione e troviamo il modo di gratificarli, comunque. Un esempio stupido, ma per dare un'idea: "Andrea, ho visto che hai una penna molto bella, me la presti un attimo, per favore, che devo scrivere una cosa importante e vorrei scriverla come si deve, e penso che con la tua penna mi possa venire proprio bene". Un'altra strategia è quella di trovare una scusa per farlo cambiare di posto, se abbiamo avuto l'impressione che con quella compagna/o di banco non non stia bene, magari assegnandolgli un altro compito "di responsabilità". Un modo ancora migliore è utilizzare lo strumento dello spiazzamento. E quindi procedere nel modo seguente: "Bambini ci fermiamo un momentino: c'è Andrea (Martina) che mi sta dicendo qualcosa di importante. Grazie Martina (Andrea) che mi hai fatto capire che forse Antonella, la tua compagna di banco, ha bisogno di aiuto. Tu te ne sei accorto! Vuoi aiutarla tu? Ti faccio vedere come la puoi aiutare. O ancora meglio tu aiuti lei per questa cosa, e lei può aiutare te per quest'altra. Questo è IL PRINCIPIO dell'AIUTO! Ed è bellissimo aiutarsi!" Sicuramente resteranno sorpresi, "spiazzati". Questo non corrisponde a quello che si aspettano. Nella realtà è molto probabile che fosse proprio Andrea o Martina a provare ansia, o preoccupazione o paura, o noia. Ma così non li si mortifica, non li si umilia e sarà più facile che si sentano rassicurati, facendo cadere la motivazione al "disturbo".

PENSIERI

Ecco un punto decisamente spinoso: da tanti anni gli adulti, genitori e insegnanti, si sono impantanati su modalità relazionali ed educative con cui hanno pensato fosse giusto eliminare l'autorità a favore dell'autorevolezza. Hanno eliminato le regole a favore della tolleranza; hanno favorito la trasmissione delle regole con tolleranza, il che corrisponde ad annullarne la validità e l'efficacia. E questo è già un controsenso. La conseguenza è che una qualunque semplice, banale imposizione nei confronti di un bambino/a viene facilmente percepita come una violenza da aborrire. Così abbiamo, al contrario, le richieste ripetute ad oltranza, estenuanti, spesso anche esasperanti sulla base dei "per piacere", "per favore", "fallo per mamma", "fallo per la maestra che ti vuole tanto bene" ... Tutte queste richieste, che non ottengono mai il risultato sperato, portano poi all'esasperazione dell'adulto che, per ottenere quello che vuole, alla fine sbotta e urla, spesso, non senza accompagnare l'urlo con epiteti e minacce di vario tipo.

AZIONI

La situazione è questa: come ho già detto, molti bambini non sono abituati né alla disciplina, né a riconoscere l'autorità dell'adulto. Eppure, anche questi sono aspetti che ai bambini, cui tutto bisogna insegnare, vanno insegnati. Bisogna dimostrare loro come dovranno imparare a relazionarsi con gli adulti; anche recuperando quelle piccolissime forme di buona educazione che una volta erano basilari: "Saluta il Signor..."; "non interrompere quando mamma, papà sta parlando con qualcuno"; "Fai passare prima la signora" ... tutte modalità abbandonate a favore della meravigliosa spontaneità e libertà dei bambini che corrisponde a nient'altro che ad una splendida maleducazione o piuttosto, ineducazione. Certo che ci vuole pazienza, tanta; certo che, sarebbero i neuroni specchio che, se attivati, potrebbero aiutare a stimolare i comportamenti desiderati, soprattutto quelli sociali e di semplice condivisione civile, (la forma migliore di educazione è sicuramente attraverso l'imitazione e l'emulazione), ma in certi casi, l'unico "strumento" che risulta davvero efficace è l'AUTORITÀ, o, per usare un termine meno ostico e divenuto "odioso" la FERMEZZA. È l'unico che funziona veramente, perché costringe il bambino/la bambina, a uscire delle spire dell'onnipotenza che, pur esaltando, dà angoscia. Vale a dire: l'insegnamento da dare è che non sempre è possibile fare quello che si vuole; non sempre è possibile discutere su una richiesta, non sempre si può argomentare, non sempre si può ottenere quello che si vuole. L'addestramento all'accettazione della frustrazione è irrinunciabile, per bambini mentalmente e socialmente sani. È l'adulto che decide le regole, e non le concorda con i bambini. Le regole non si discutono: si accettano. E contrariamente a tutti i timori a riguardo, i bambini ve ne saranno grati. Provare per credere. È ora di superare l'atteggiamento ipocrita di paura nei confronti della fermezza/autorità; è sicuramente l'ora di RIABILITARE il PRINCIPIO dell'AUTORITA'. È del tutto fuori luogo la paura di fronte a quelli che sono semplicemente comandi necessari e cambiare atteggiamento a partire dall'uso del linguaggio: "Bambini: prendete i quaderni!" È un tranquillissimo e banalissimo ordine e non c'è da averne paura. Non traumatizza nessuno, ed è sbagliato fare questa richiesta usando una frase con l'interrogtivo: "Bambini, volete prendere i quaderni?". E ancora peggio "sdolcinarla" aggiungendo il "per piacere". Nel rivolgersi ai bambini quando si fa una richiesta, è bene accettare che si tratta di un ordine, ed è senz'altro più opportuno "utilizzare" l'imperativo, il punto esclamativo ed eliminare il punto interrogativo. Quello che fa la differenza è lo "stile di comunicazione"; si potrà spiegare qualcosa di più: "Bambini, ora dobbiamo fare una cosa che vi piacerà tantissimo. Prendete i quaderni e vi spiego di che si tratta".

LA RIAPPROPIAZIONE DELLA RESPONSABILITÀ EDUCATIVA DA PARTE DEGLI ADULTI

PENSIERI

L'aspetto della capacità di gestire il **potere** da parte dell'insegnante ricollega il discorso ad alcune considerazioni. Il modo distorto con cui si guardano le cose, oggi, porta a considerare violenta l'imposizione e, normale, l'urlo. Quello che non si vede è che in questo modo, all'autorità si sostituisce l'aggressività, che fa molto più male soprattutto perchè confonde le idee, trasmette rabbia, allontanamento, rifiuto e non trasmette le informazioni necessarie riguardo a quello che i bambini debbono imparare per vivere in armonia con gli altri. Per quanto riguarda gli adulti, che possono essere insegnanti o genitori (le situazioni sono le stesse), quando si arriva allo strillo, è l'emisfero destro, quello delle emozioni, che domina, che parla; e anche ai bambini si attivano aree cerebrali che sollecitano la paura. Non ci si può aspettare che i bambini capiscano, che utilizzino il loro emisfero sinistro quello verbale, analitico, del controllo, della logica per comprendere dei messaggi che vengono trasmessi in un'altra lingua, nella lingua che trasmette emozioni di rabbia e di allontanamento. Anche in queste situazioni, le emozioni sono più forti delle parole. I bambini non hanno possibilità di "imparare" e cambiare comportamento. La conseguenza è che tenderanno a ripetere il comportamento indesiderato. Questo è un modo "perverso" di innescare un circolo vizioso che potrebbe dare conto del perché, nella scuola italiana, i problemi non si risolvono mai. E perché un bambino/a che struttura il suo status di "problematico" nella prima classe della Scuola Primaria, arriva fino all'ultimo anno della scuola superiore sempre con la stessa etichetta stampata sulla fronte. Si arriva, quindi, alla situazione attuale di classi ingovernabili, in cui sostanzialmente sono troppo pochi i bambini che sono messi nelle condizioni di avvantaggiarsi pienamente e completamente del periodo della scolarizzazione. E purtroppo troppi adulti si sono adattati a vedere tutto questo come accettabile. Ma non lo è affatto! Non possono essere i bambini a determinare scelte e organizzazioni della vita adulta; non possono essere i bambini ad avere il potere su adulti impauriti e incapaci. Inoltre, nella scuola le manifestazioni di libertà e di autonomia dei bambini hanno una lettura diversa. Se per i genitori sono motivo di vanto e di orgoglio, perché sono la testimonianza di "vivacità" che è uguale a intelligenza, per un insegnante che deve gestire una classe con anche, assurdamente, 25/26 bambini, il problema del controllo è fondamentale. L'insegnante non si può permettere di perdere troppo tempo per situazioni particolari. Il problema di fondo, poi, nel mondo della scuola, è quello dell'interpretazione che viene data, per cui un comportamento inadeguato di un bambino/a, per la scelta fatta dall'istituzione italiana verso un approccio di medicalizzazione, non rientra nell'ambito educativo ma in quello medico: quel bambino, quella bambina ha qualcosa che non va, nel cervello. Troppo spesso tutte queste situazioni si rivelano come una spirale posta in orizzontale: il bambino è il punto di partenza e intorno a lui/ lei, si allargano sempre di più tentativi e interventi diversi; ma ben poco cambia. I bambini non migliorano, gli insegnanti sono sempre più esasperati e impotenti e invocano interventi esterni. Prendono quindi il via le convocazioni dei genitori, le valutazioni neuropsicologiche, o neuropsichiatriche, i colloqui con professionisti diversi, e perché no, le terapie, senza escludere anche quelle farmacologiche. Eppure... pensare al punto di partenza di tutto questo lascia aperte alcune domande cruciali: dalla rinuncia al principio dell'autorità siamo sicuri che gli insegnanti ci guadagnano? Ci guadagnano le famiglie? E, prima di tutto, ci guadagnano i bambini?

IL PRINCIPIO DELL' AIUTO

PENSIERI STRUTTURANTI

Oggi è la scienza che ci indica la strada su cui avviarci per una innovazione reale di come concepire l'apprendimento. Il principio dell'aiuto è un concetto del tutto assente nell'educazione dei bambini. Intendo non la frase "aiuta tua sorella" o "aiuta il tuo compagno", ma come educazione alla pratica dell'aiuto, come educazione a "prestare attenzione", "a dare importanza" a situazioni in cui ci si scambia un aiuto; di "attenzione" a situazioni in cui il bambino può essere sollecitato a dare, motivato a ricevere, guidato a vedere, a conoscere dentro di sé il sentimento bello, piacevole, appagante, che nasce da questi momenti. Tutto questo vale anche per la maestra che può mettersi nella disponibilità interiore di dare e prendere dai bambini, accettando dentro di sé i sentimenti belli che le derivano proprio dai "suoi" bambini. In fin dei conti, l'espressione "insegnamento orientato sulla persona", sul bambino piuttosto che sulla materia, dovrà pure avere un senso. Altrimenti restiamo sempre fermi nello stesso punto tanto caro all'istituzione scolastica (e non solo): cambiare i titoli, le etichette o le denominazioni, e rimanere assolutamente fermi, immobili, affossando tutto ciò che di vagamente innovativo possa arrivare a turbare questa fissità rigida capace di affrontare i secoli: l'immagine che mi balza davanti agli occhi, è quella delle montagne parlanti del film La storia infinta (tratta dall'omonimo libro di Michael Ende), ferme, immobili, poderose, in cui una cosa sola si muove, le mandibole, con cui divorano di tutto (e, aggiungo io, soprattutto tutto ciò che è fresco, nuovo, creativo, innovativo, fantasioso, come è poi il mondo dei bambini!).

"LA FINESTRA SUL CUORE"

PENSIERI

Questa è la prima modalità che ha spesso impressionato favorevolmente tanti genitori; e questo è anche lo strumento con cui la coppia "pedo-psic" ha modo di esplicare al meglio la propria "funzione", per guidare i bambini alla conoscenza di sé stessi, delle proprie emozioni e sentimenti, esattamente nel momento in cui questi si manifestano, in occasione di un determinato episodio. Non dimentichiamo che è questa la fondamentale funzione dei I GIOCHI PSICO-EDUCATIVI: la formazione e l'arricchimento della personalità dei bambini, rappresentano sostanzialmente lo strumento concreto con cui mettere in armonia l'aspetto cognitivo e quello emozionale (emisfero sinistro ed emisfero destro), per educare alla conoscenza di se stessi e del proprio mondo interiore ricco di emozioni e sentimenti.

AZIONE

Facciamo un esempio: Silvia dice: "Maestra, Francesco sta piangendo". La maestra dice: "Grazie, Silvia, per avermelo fatto notare. Ascoltate, bambini! Ora ci dobbiamo fermare tutti; dobbiamo aprire una finestra sul cuore, perché se Francesco sta piangendo, qualcosa sta facendo soffrire il suo cuore. E noi dobbiamo capire di cosa si tratta. Noi adesso apriamo il cassettino del principio dell'aiuto e cercheremo di aiutarlo, tutti insieme". Nel corso di tutto l'anno, ci sarà sicuramente una Sara, un Luca, un Andrea, una Martina che dovrà condividere la sua tristezza, il suo sentimento di abbandono, di rimpianto, di paura, di perdita (ad esempio per la morte di un nonno o di un parente, o di una animale "di famiglia"). Tutti si sorprenderanno di avere a che fare con una maestra, con un maestro che, invece di reprimere e soffocare quelle emozioni, darà loro la possibilità di esprimerle e di trovare conforto. È così che si strutturerà un sentimento di fiducia, che creerà nei bambini la disponibilità ad affidarsi, a lasciarsi andare e a lascirsi guidare. Fa la differenza che l'educazione ai sentimenti e alle emozioni dei bambini avvenga su un vissuto reale, e non sulla concettualizzazione di emozioni rappresentate su un libro. È questo che educa all'empatia, ovvero la capacità di entrare nelle emozioni dell'altro come fossero vestiti da indossare sentendoli ben adattati al proprio corpo: sentire quello che sentono gli altri. Per essere tale, l'educazione, deve essere intesa come un'attività che merita attenzione nell'arco di tutta la mattina, proprio quando se ne palesa la necessità, e non quando lo prevede il programma. Non è corretto concepirla come un lavoro separato, come se fosse una materia da studiare sui libri. La maestra/il maestro ha quindi l'occasione di sollecitare tra i bambini ascolto, condivisione, empatia riguardo al vissuto e alle emozioni. Sollecitandoli ad attivare il principio dell'aiuto, che in questo caso, rappresenta la necessaria e opportuna rielaborazione sul piano cognitivo, li stimola a cercare soluzioni o strade alternative per il compagno o la compagna in difficoltà. La maestra/il maestro ha interrotto la didattica a favore di quel bambino o di quella bambina che ha dichiarato la sua difficoltà o manifestato un suo particolare stato d'animo e che, distratto o distratta dal suo problema sicuramente sta perdendo la lezione. Non ha importanza quanto tempo ci vorrà. Sicuramente il tempo lo si riguadagnerà in altre occasioni. I vantaggi di dare ai bambini, ogni volta che ce n'è bisogno, la possibilità di raccontare sé stessi, le loro pene, di renderli capaci di riconoscere le emozioni di un compagno o di una compagna come simili alle proprie, di condividere gli stessi sentimenti, di attivare comprensione, solidarietà, aiuto, ricerca di soluzioni, sono impagabili. Il segreto sta nella contemporaneità. Con "la finestra sul cuore", i bambini si tranquillizzano molto più velocemente e inoltre questo fa sì che la maestra/il maestro con questa "strategia" in realtà lavori contro il bullismo, contro l'odio per la scuola, contro l'abbandono scolastico. Ed è straordinariamente importante in termini di prevenzione. Nella prima classe è questo il lavoro vero, importante e fondamentale da svolgere ed è sbagliato pensare che sia una perdita di tempo. È certamente una cosa buona che i bambini imparino a familiarizzare fin dai primi giorni di scuola, con questa particolare modalità di condurre la giornata. Il messaggio da trasmettere è questo: è importante imparare e conoscere le cose che sono sui libri o che si scrivono sui quaderni: cioè le cose che vanno nella testa. Ma è altrettanto importante imparare e conoscere le cose che succedono nel cuore, che si chiamano emozioni e sentimenti. La sollecitazione data ai bambini di interessarsi al problema di un compagno o di una compagna è un altro ribaltamento della zolla. Non: "fatti gli affari tuoi!", ma: "Bambini ascoltiamo Antonella che ci dice che cosa la sta facendo piangere... Anche a voi è capitato? O sta capitando in questo momento? Anche a voi è già successo? Come possiamo aiutare Antonella a fare uscire questo dolore dal suo cuore?" Lo stesso può valere per una grande rabbia, paura, qualunque sia l'emozione forte che i bambini dimostrano di non sapere padroneggiare. Quindi, con il "PRINCIPIO dell'AIUTO" ogni bambino o bambina ha il diritto di aiutare e di farsi aiutare.

PENSIERI

Felicia Huppert docente di Psicologia all'Università di Cambridge e Direttrice dell'Istituto del Ben-Essere della stessa Università, riconosciuta in tutto il mondo per i suoi studi, sostiene che il Ben-Essere è più legato a quello che diamo che a quello che riceviamo (Huppert 2005). Per mettere il bambino, la bambina nella condizione di imparare a conoscere e ri-conoscere le proprie emozioni e i propri sentimenti, l'attenzione degli insegnanti deve concentrarsi, ogni giorno, su sentimenti ed emozioni, proprio nel momento in cui questi si manifestano; nessuno scandalo, quindi, nel caso in cui un bambino/una bambina pianga, o due litighino, se la maestra interrompe la sua attività didattica per aprire una finestra sul cuore; mostra così chiaramente ai bambini che emozioni e sentimenti hanno la stessa importanza delle matarie. D'altra parte, è solo così che possono imparare a non averne paura, ad accattarle e a viverle serenamente, a diventarne padroni, a saperle gestire, a non lasciarsi dominare da rabbia, invidia, gelosia (imperanti in tutte le classi).

LA GESTIONE DEL GRUPPO CLASSE

LA DESTRUTTURAZIONE DEL BULLISMO, L'APPLICAZIONE DELL'ADAGIO

PENSIERI

Questo è il momento giusto per concentrare l'attenzione sulla costruzione delle amicizie e sullla necessità di contrastare comportamenti caratterizzati da prepotenze o egocentrismi. Il BULLISMO va destrutturato e contestualizzato, conosciuto da vicino e bloccato. Guarire le classi dal bullismo è possibile e può essere meno difficile di quanto si possa immaginare. AZIONI Come ho già detto, in un'atmosfera che parte dalla confusione e la "accetta", anzi la dà per scontata, è più facile "dare dimostrazioni" concrete di come applicare le regole proprio nel momento in cui vengono stabilite; e quindi non come parole prive di significato o come imperativi di cui il più delle volte, poi, non c'è il tempo per dimostrarne l'importanza e la credibilità, ma come necessità chiare e comprensibili per "stare bene insieme". Diventa quindi una confusione che viene progressivamente gestita e organizzata; ogni bambino/a viene avvicinato/a dalla maestra/dal maestro per ricevere direttamente l'indicazione di come deve stare, di come deve fare, di cosa non deve fare: è la maestra o il maestro che può dare ad ogni bambino/a, con il costante riferimento anche agli altri compagni, la giusta percezione di sé in quello spazio, in quel contesto, definendolo come diverso da casa o dai giardini pubblici, dove si possono fare cose diverse. Si parte quindi dall'individuo, per arrivare a creare il gruppo. Esempio: "Giulio mettiti seduto bene: togli il piede dalla sedia e avvicinati al banco, così puoi disegnare meglio"; "Antonella, prova a parlare con la voce più bassa, altrimenti viene il mal di gola a te e il mal di testa ai compagni. Brava così, vedi che così potete lavorare tutti meglio e più tranquillamente!" "Andrea siediti"; "Pierpaolo guarda come diventa brutta la tua aula, se butti la carta per terra. Raccoglila e valla a buttare nel cestino. Bravo!" Etc., etc. In queste circostanze è possibile dare sempre una giustificazione, una spiegazione del perché una richiesta viene fatta.

PENSIERI STRUTTURANTI

Regola N.1 - È importante prestare attenzione e dare importanza, costantemente a come ogni bambino/bambina sta in classe e a come si comporta con i compagni.

Regola N.2 - È importante, fondamentale, determinante, intervenire subito sui comportamenti inadeguati, e, se è necessario, anche con FERMEZZA (una volta la si chiamava AUTORITA'). Dare la massima attenzione alle situazioni scorrette o sbagliate, alle botte, alle prese in giro, alle prepotenze ecc. Mai fare finta di niente! Mai ignorare! Questi comportamenti vanno immediatamente ripresi, bloccati, mai accettati, mai sottovalutati, mai giustificati. I bambini debbono ricevere il messaggio chiaro e inequivocabile che certi comportamenti non sono ammessi. È così che gli insegnanti aiutano i bambini a costruire il mondo delle loro relazioni partendo da presupposti nuovi, diversi. NON è VERO che il bullismo fa parte della natura umana!

Regola N.3 – Nel momento in cui il bambino, la bambina dimostra la disponibilità a correggere il suo comportamento merita di essere gratificato/a. Subito! Con un "BRAVO! BRAVA" una carezza, un applauso; una frase "Benissimo! Hai proprio capito bene come devi fare!"

Regola N.4 – Continuare a OSSERVARE il bambino, la bambina e fargli sentire che quello che abbiamo detto o gli abbiamo chiesto è importante. Bisogna continuare a ribadire la comunicazione e a riprenderli quando fanno qualche scivolatina all'indietro. "Tenere in esercizio" l'attenzione su quello che succede sotto ciò che appare, evita all'insegnante di correre il rischio di grosse sviste; come pretendere di governare una barca, facendo riferimento esclusivamente agli eventi atmosferici esterni, senza la minima considerazione per quello che accade sotto la superficie del mare: le insidie, le correnti, le secche improvvise, gli oggetti sommersi, le rocce, le mine vaganti, i mulinelli.

IL GIOCO DEL "LO SAI CHE…"

AZIONE

Questo Gioco si collega direttamente al punto dell'ACCOGLIENZA dell'ADAGIO I bambini hanno un'esigenza assoluta di parlare, di esprimere le proprie preoccupazioni, di raccontare i propri problemi. Ancora di più dopo il periodo sconvolgente dell'isolamento, della DAD ed ora anche della guerra. Tanti motivi di confusione, di apprensione, di agitazione, di paura. Siamo a scuola, quindi non si può certo pensare di poter dedicare mattinate intere, ogni giorno, ad ascoltare i problemi dei bambini… Con il Metodo Matrioska® c'è un modo per trasformare questi momenti di estrema importanza in una parte preziosissima dell'organizzazione didattica quotidiana. Si usa qualunque cosa possa rappresentare un microfono. Si "elegge" un giornalista/una giornalista (tutti i bambini, a turno, dovranno avere questo ruolo/compito). Questo/a giornalista fa l'intervista ai compagni con domande guidate: "Cosa ci vuoi raccontare. Cosa ti è capitato ieri?" "Come ti senti oggi?" Ecc… Così i bambini hanno il loro "spazio di espressione". Ma contemporaneamente abituarli all'esposizione verbale sui fatti della propria vita reale, delle proprie emozioni, vuol dire creare l'occasione di guidarli a imparare a padroneggiare l'espressione linguistica; li aiuta a costruire il pensiero, a padroneggiarlo, ad articolare i pensieri; arricchisce il vocabolario, prepara a quella che sarà l'esposizione della storia o anche della matematica, quando incominceranno a studiare; li abitua a rispettare i tempi degli altri, all'attenzione all'altro, sulla base dell'empatia, della condivisione emotiva. Non solo. In più, con questo GIOCO la maestra/il maestro fa italiano, storia, educazione civica. La Matrioska si apre ed escono le sue diverse componenti, escono le altre educazioni/ materie, ma anche l'educazione ai sentimenti e alle emozioni. Questa è la strada maestra da percorrere per guidare i bambini a conoscere e ri-conoscere quello che accade dentro di loro, nel loro cuore e a costruire, sulla base di sentimenti e di emozioni, la motivazione, la curiosità per le scoperte, la passione per le conoscenze di cose nuove, l'entusiasmo nel sentirsi bravi, nello scoprirsi capaci di fare cose nuove, conoscere, imparare. Ma non bisogna dimenticare che i bambini imparano anche attraverso il corpo; sono importanti anche le percezioni fisiche per determinare l'apprendimento!

UNA MATRIOSKA DOPO L'ALTRA, CON ARMONIA

PENSIERI

Immaginiamo ora che nella nostra scalata abbiamo raggiunto un bel prato. Immaginiamo di sederci tutti in circolo. Voglio proporvi una chiacchierata per fare alcuni approfondimenti. Dovete sapere che Il Metodo Matrioska rappresenta, tra le altre cose, una grande ambizione: quella di mettere insieme, integrare, armonizzare tutti gli aspetti fino a qui trattati. Il cognitivo con l'emozionale; la didattica con l'educazione; la pedagogia con la psicologia; la disciplina con l'affettività. La "psicologia didattica", che è alla base del Metodo, si rivela essere e funzionare come uno straordinario accorpamento, rielaborato e riorganizzato in modo creativo e originale, di tanti tra i più innovativi "modi didattici" degli ultimi anni: il cooperative learning, il problem solving, la peer education, la didattica meta cognitiva, la didattica incentrata sul gioco. Il Metodo, inoltre, alimenta la creatività e la fantasia di insegnanti e bambini; insegna ad attivare le risorse interiori e la resilienza; insegna a improntare i rapporti umani sull'empatia e sulla solidarietà. Ci tengo a sottolineare che questa combinazione non è frutto di un accorpamento intenzionale e studiato, ma è stata piuttosto una scoperta: una volta "costruito" il Metodo, era progressivamente sempre più esaltante scoprire, quante fossero le corrispondenze con il pensiero di tanti "innovatori". Era bello potersi sentire "innovatrici"! Come dice Umberto Galimberti: "Nella nostra cultura "comprendere" ha sempre avuto un riferimento alla mente e alle idee della mente. Neppure il sospetto che le idee nascano all'interno di un orizzonte comprensivo prelogico, prementale che possiamo chiamare "simbolico... Nella nostra cultura non si è mai data rilevanza alla comprensione di cui è capace il nostro sentimento, ma solo alla comprensione della mente e della produzione della mente". (5) E senza dubbio, con il Metodo Matrioska si crea una nuova, grande, possibilità di "comprensione". Altra grande ambizione del Metodo Matrioska, è orientare anche i genitori sulla stessa visione educativa degli insegnanti. Creare una vera e propria GRANDE ALLEANZA! Questa è tanto più necessaria, in quanto su una cosa sia genitori che insegnanti vanno a braccetto: quando si evidenzia qualche problema, entrambi sono orientati con un dito puntato sul bambino/sulla bambina. È lui/lei, in ogni caso, quello/a che ha il problema. U. Galimberti, La forza del cuore, La Repubblica on line, 8 settembre 1998 È così tanto rassicurante poter dare la colpa ai bambini! Così l'insegnante è a posto con la coscienza: è il bambino/a che non va, è lui/lei che ha qualcosa di strano. Anche i genitori sono a posto con la coscienza: loro stanno facendo tutto il possibile, ce la stanno mettendo tutta, le hanno provate tutte, ma è proprio lui (o lei) che... chissà, forse ha bisogno di qualcosa di specifico, una cura, un farmaco magari! È così che i bambini diventano "casi"! E invece, nessuno vede, nessuno si accorge, né gli insegnani e, sorprendentemente neppure i genitori (che preferiscono non vedere) che al di là delle situazioni di disagio e di difficoltà che arrivano ad avere una diagnosi e una certficazione, tra i bambini e le bambine che invece vengono definiti "normodotati" c'è un livello di sofferenza molto ampio. Di quanto questa sofferenza sia estesa, serpeggiante, dai bambini della scuola materna, fino ai ragazzi delle superiori tuttavia, nessuno si accorge, perché è una sofferenza che non si vede: è una sofferenza psicologica! Neppure gli psicologi, sempre troppo pochi, che hanno accesso alle classi per svolgere la loro osservazione, come componente (neppure obbligatoria) della valutazione psicologica, hanno la possibilità di vedere; entrano nelle classi con un mandato preciso, pre-orientato sul bambino, sulla bambina per cui è stata chiesta una diagnosi. Un insieme di circostanze favorevoli mi ha portato a compiere quella scoperta proprio perché la mia formazione come psicologa e psicoterapeuta ha allenato i miei occhi a cogliere quello che altri non vedono; a creare connessioni con aspetti che per altri non hanno alcun significato, e perché, a differenza di altri colleghi, non ho limitato la mia osservazione in classe ad un giorno o anche una settimana, concentrando l'attenzione sul bambino o la bambina segnalati, ma ho protratto la mia permanenza nelle classi per un intero anno scolastico, e, di anno in anno per quindici anni; ho vissuto con i bambini, accanto a loro e accanto agli insegnanti, ho respirato la loro aria, annusato il loro odore; ho fotografato idealmente i loro volti, i loro sguardi le loro espressioni, ho registrato il tono della loro voce o dei loro silenzi; li ho visti muoversi (male, senza nessuna percezione o conoscenza del corpo) correre (ancora peggio: i bambini "moderni" non sanno correre), giocare con le loro matite che di volta in volta erano aerei, o giganteschi robot sempre in lotta; tante volte li ho visti piangere, o peggio rimanere impietriti in un silenzio ostinato e senza speranza, o con un'espressione di ostentata, sbigottita "indifferenza" murata sul viso; o, ancora peggio, utilizzare la peggiore startegia di fuga, l'opposizione.

Eliminando l'ATTENZIONE AI VISSUTI EMOTIVI dei bambini si compie una vera e propria mutilazione; e poi si pretende che i bambini siano sempre in gara (perché, per non farci mancare nulla, nelle classi da parte di certi insegnanti e purtoppo di tanti genitori, c'è anche una competitività a volte subdola, a volte dichiarata). È come pretendere che corrano i cento metri ad ostacoli, nel tempo stabilito, perché in tante classi esiste anche l'obbligo alla velocità (altra splendida "invenzione" moderna) correndo con le stampelle o sulle sedie a rotelle (metaforiche). E quello che lascia ancor più costernati è il fatto che i genitori sono contenti. Vogliono insegnanti siffatti; altrimenti mugugnano, protestano, pretendono cambiamenti. Non è paradossale poi, stupirsi dell'imponenza del numero dei problemi strutturali che tormentano i bambini e gli insegnanti nelle classi, da quarant'anni inesorabilmente in aumento? Non è un paradosso stupirsi dell'imponenza del numero dell'abbandono scolastico, anche questo inesorabilmente in aumento?

CHE BRUTTO NON SAPERE
DI ESSERE CIECHI

PENSIERI

Ma come può verificarsi una cosa tanto incomprensibile? A quanto pare nella mente di tanti genitori, ma anche di tanti insegnanti, si è formato una specie di "polpettone concettuale quando non anche ideologico" che li ha obnubilati. La distorsione percettiva degli ultimi decenni ha provocato l'irrigidimento su tutta una serie di convinzioni e "ideologie", appunto, che ha reso ciechi gli insegnanti e sordi e ciechi i genitori. E così abbiamo da una parte, nelle scuole, la concentrazione dell'attenzione esclusiva sugli aspetti cognitivi delle prestazioni scolastiche, derivata dalla fede cieca, appunto, nel cognitivismo anglosassone. In Italia in particolare si è compiuta una scelta a mio avviso scellerata, per cui tutti i suggerimenti straordinariamente innovativi di una Maria Montessori sono stati tollerati con un certo rispetto, ma comunque sempre estromessi dalla scuola pubblica; così come pure le meravigliose intuizioni di Don Milani addirittura o banalizzate o considerate pericolosamente eversive, quindi da tenere lontane. Dall'altra parte, nelle famiglie, abbiamo assistito al ripudio della funzione educativa dei genitori, che partiva dalle teorie di Benjamin Spock, fin dalla metà circa del secolo scorso, per arrivare alla dichiarazione dell'inutilità dell'educazione della tanto acclamata, soprattutto negli Stati Uniti, Judith Harris. E l'Italia, da brava "colonia" ha accolto tutto di buon grado. A casa nostra, inoltre, una politica ignorante, bigotta e asservita al potere medico, ha scelto di privilegiare la medicina rispetto alla pedagogia e alla psicologia e ha tenuto quest'ultima in un limbo fatto di altezzosa sopportazione, e altezzosa supponenza anche da parre di tanti insegnanti. Ne è derivato che, a livello culturale non si diffondesse la conoscenza della differenza tra malattia mentale e sofferenza psichica, permettendo il perdurare del tabù riguardo alla psicologia e agli psicologi, ancora oggi il più delle volte guardati con sospetto o con diffidenza, perché direttamente collegati alla "malattia mentale". Si è voluto privilegiare una visione clinica dei bambini. La pedagogia si è inchinata alla neuropsichiatria infantile ed è così che si è introdotta la medicalizzazione nelle scuole, per cui ogni manifestazione di un aspetto soggettivo di un bambino, di una bambina che si discosti da uno standard, viene percepito come problema e va inquadrato in chiave clinica. Per deformazione di percezione, ma anche per motivi di comodo, spesso i più rigidi nel pretendere questo sono proprio gli insegnanti. E il problema diventa ancora più complesso e più grave, perché in tutto questo l'istituzione scuola non ha mai organizzato corsi di formazione seri e capillari per istruire o formare gli insegnanti riguardo alla conoscenza del mondo mentale ed affettivo dei bambini.

Anche l'università che "forma" i nuovi insegnanti offre qualche "esamuccio" di psicologia. E così si chiude il discorso. Risultato? Con i bambini un guazzabuglio di atteggiamenti, o di stampo materno, o ipermaterno, perché così faceva la mia insegnante, o di stampo rigido ottocentesco, perché così faceva la mia insegnante, quando non con divagazioni, interpretazioni, elucubrazioni pseudo psicologistiche, pseudo sociologiche. Non sono rare le situazioni in cui gli stessi addetti ai lavori, che sono pure neuropsicologi/ghe, psicologi/ghe, terapisti della riabilitazione assistono a veri e propri scempi sulla psiche di tanti poveri bambini; ancor più da mettersi le mani nei capelli perché, comunque, gli insegnanti sono durissimi da convincere e tetragoni sulle loro convinzioni. Per fortuna non tutti, ma comunque tanti. E un altro problema è costituito dal fatto che nelle scuole italiane vige una sorta di gerontocrazia: sono le insegnanti anziane, non solo per anagrafe ma anche per anzianità, spesso ancora legate ad una visione ottocentesca dell'insegnamento, restie e refrattarie a innovazioni e a cambiamenti, che riescono inesorabilmente ad avere la meglio su altre insegnanti, magari più giovani, più fresche di studi, con competenze che potrebbero essere più adeguate ad un insegnamento moderno ed attuale. Tanti genitori, che dal profondo della loro ignoranza, "sanno tutto", adorano questo tipo di insegnanti. Un certo "tipo" di dirigenti, per non scontentare i genitori, non fa nulla, tanto meno per sostenere le insegnati più preparate; neppure per sostenere l'introduzione di modalità di insegnamento scientificamente accreditate. D'altra parte, se la scuola è una AZIENDA, quello che conta è la soddisfazione del CLIENTE!

Nelle famiglie, ovviamente si tratta di una generalizzazione, d'altra parte, si è eliminato il concetto dell'educazione, con una frequente inversione di ruoli, per cui sono il più delle volte i figli che "assoggettano" i genitori alle loro necessità. A un livello ancora superiore, o a un livello politico, non ci si interroga approfonditamente sul perché, oggi i problemi di dis-adattamento cognitivo e comportamentale e sociale stiano dilagando. E sul PERCHE' il bullismo sia diventato una "modalità relazionale". Lo si prende come una cosa che è d'obbligo accettare. Una presunta abnorme "casualità" che va presa come se fosse "normale". Oggi, per chi è in grado di fare una lettura corretta delle gravissime situazioni che sta vivendo la nostra società, sono chiare ed evidenti le conseguenze a cui sarebbe necessario e urgente porre rimedio.

IL METODO MATRIOSKA, che si caratterizza per la forte spinta di non "stare a guardare", di non accettare quello che accade come normale, con una forte aspirazione a fare qualcosa per cambiare, è animato da un prepotente anelito di salvezza per tanti bambini; per tenerli quanto più possibile lontani dalla sofferenza e per dare a un numero quanto più possibile ampio la possibilità di realizzazione. Ma salvezza anche per tanti insegnanti e tanti genitori. Perché soffrono anche loro.

PRESTARE ATTENZIONE/
DARE IMPORTANZA

Il motto universale del Metodo Matrioska. Come fare.

DI MONICA DI GIUSEPPANTONIO DI FRANCO

Era il 2004, mi ero appena laureata in psicologia ed ero alla ricerca di esperienze che mi permettessero di capire "come fare la psicologa", quando recandomi alla ASL per richiedere di poter effettuare un tirocinio post-laurea, la dirigente del TSMREE, dopo aver letto la mia tesi sull'etichettamento scolastico, mi indirizzò dalla dott.ssa Ceriati, che stava realizzando un progetto "sperimentale" all'interno di una suola. La dottoressa Ceriati mi inserì subito nella sua èquipe. Entrai così per la prima volta a scuola come psicologa. Partecipavo ai corsi di formazione delle insegnanti, alla scuola per genitori e affiancavo la collega Anna Ferraro in classe. Mi sedevo negli ultimi banchi ed avevo un punto di vista privilegiato, davanti a me tutto il Sistema; ne osservavo i processi, i movimenti, le reti relazionali. Tenevo ben collegato il mio termometro interno, quello emotivo; la mia più grande forza, quella empatica. Via via che il tempo passava i processi interni e quelli esterni diventavano sempre più chiari. Iniziavo a capire i principi del Metodo, approfondivo la lettura dei sistemi mi avvicinavo ai bambini, alle insegnanti, parlavo con i genitori. E così, adagio adagio, stavo imparando non cosa fa una psicologa ma come essere una psicologa. Iniziai a condividere con Mariangela Ceriati, Anna Ferraro e poi anche con Claudia Ciancamerla come poter far entrare la psiche nella scuola, non con etichette che hanno la categorizzazione come scopo unico ma inserendoci fianco a fianco delle insegnanti per favorire la crescita dei bambini, per creare ambienti facilitanti di apprendimenti e nuove conoscenze; una psicologia a servizio della vita. Il benessere psicologico a scuola, la prevenzione primaria, lo scopo cui tendere contro il dilagare del disagio scolastico e infantile. Se pensiamo alla psiche come il complesso delle funzioni e dei processi che danno all'individuo esperienza di sé e del mondo e ne informano il comportamento, diventa facile capire quanto sia necessario un innesco al cambiamento, un rovesciamento di prospettive. Importante partire dall' Io, dalla Persona, passare dall'incontro con gli altri per creare stimoli motivazionali non solo di apprendimento ma di curiosità e spinta alla conoscenza. La formazione delle insegnanti assume così un valore fondamentale nell'acquisizione di "occhiali da lavoro", che permettano, passando attraverso il riconoscimento dei propri stati emotivi interni, di vedere l'altro con tutte le sue risorse e unicità. Una delle caratteristiche più innovative del Metodo Matrioska è la possibilità di lavorare in team, psicologi ed insegnanti, la coppia pedo-spic, quello che io chiamo inter-lavoro. Per inter-lavoro intendo un lavoro interno e allo stesso tempo interazionale, di collaborazione tra due competenze professionali diverse ma che si affiancano, dialogando continuamente. Al centro il bambino e la classe. La classe non più vista come una massa indifferenziata di Io, neanche come una somma delle parti ma come un insieme esponenziale di unicità. La diversità diventa una ricchezza, lo stare insieme un'esperienza caleidoscopica che crea reti di combinazioni dinamiche tra soggetti e ambiente. Importante quindi tenere in considerazione tutte le possibili combinazioni, correlazioni e le loro intensità; i contatti di sé stessi con il contesto e ciò che questo attiva e produce. Esemplifichiamo le reti relazionali. Immaginiamoci in un circolo di persone, tutte sedute sulla loro sedia. Inizia il gioco, l'esperienza formativa (come avvenuto a Sermoneta, in occasione del Corso di Formazione per gli insegnanti). Le Persone si passano un gomitolo di lana rossa, grande come una palla; ricevono una consegna: tenere un capo del gomitolo e lanciare la palla a qualcuna del gruppo che ne terrà, a sua volta, un pezzo e lo lancerà a qualcun altro. Il filo si dipana, e così per tante e tante volte, molte di più del numero delle partecipanti; creiamo una rete. Creiamo una "visualizzazione"; rendiamo visibile ciò che quotidianamente avviene in classe, diamo percezione delle reti relazionali. Le partecipanti si alzano in piedi, tutte tenendo il o i loro capi nella mano. Poi, una persona alla volta, si mettono al centro della rete e iniziano a camminare oltrepassando i fili che si troverà davanti scavalcandoli, calpestandoli, saltandoli, spostandoli passandoci sopra o strisciandoci sotto. È questo che ogni giorno una maestra si trova a fare entrando in classe. Questa consapevolezza di ciò che accade all'interno di ogni gruppo di persone che si incontrano, è ciò che abbiamo provato a far vivere in una delle formazioni fatte sul Metodo Matrioska. Imparare a vedere ed a dare importanza a questo intersecarsi di fili invisibili è indispensabile. A questo si deve però necessariamente aggiungere un termometro emotivo capace di leggere le emozioni proprie ed altrui. Relazioni sulla classe o relazioni in classe? Molto complesso dare una definizione precisa di Relazione, poiché dovrebbe tener conto di tanti gradi di complessità; molto semplice invece andare alla ricerca dentro di noi di esperienze di relazione. Infatti, la nostra mente, il nostro cuore e tutta la nostra vita, fin dai primi respiri, si è nutrita di relazioni. Le relazioni nascono certamente dall'incontro con l'altro, con la mamma, con il papà; ed è proprio da questi incontri che noi impariamo la vita, impariamo i contesti, impariamo a comunicare... Impariamo insomma! Da questo presupposto, impossibile non tenere conto delle relazioni a scuola e di quanto queste condizionino l'apprendimento e di quanto siano legate ad un buono o cattivo apprendimento. Il grado di convivenza che vi si crea, fa della scuola un luogo in cui si costruiscono necessariamente rapporti significativi, in positivo o in negativo, e le comunicazioni possono essere elaborate attraverso il significato personale e/o attraverso un significato comune. La scuola, insieme alla famiglia, aiuta i bambini, a dare letture del mondo, a spiegarselo, a comprenderlo, ad apprendere come ci si comporta in contesti diversi. Il senso di sé, l'incontro con l'altro, l'accettazione del limite sono le parole chiave per capire le relazioni. A scuola s'incontrano pari (i compagni), s'incontrano le maestre, s'incontrano anche molti altri adulti (i bidelli, le altre maestre, la preside) e con ognuno si creeranno legami più o meno forti, più o meno stabili; si ritrovano somiglianze o differenze con la propria mamma, con il proprio papà o con qualche altro famigliare importante; con ognuno si dovrà imparare come comportarsi. In molti pensano che i bambini vadano a scuola per imparare a leggere, a scrivere e a far di conto; pochi invece sanno che a scuola i bambini imparano a relazionarsi con l'altro, con il diverso da sé. Imparano a incontrarlo ed è proprio da questi incontri che si creano le basi dell'apprendere. L'altro funge da modello, da sostegno, da sostenitore, nei casi migliori, o da oppositore, antagonista, da colui che non ci capisce o non si capisce cosa voglia da noi, nei casi in cui l'incontro fallisce. Linguaggi condivisi e sapersi mettere nei panni dell'altro è ciò che permette e facilita l'incontro ed è proprio questo cui un'insegnante dovrebbe aspirare, la base da cui partire per poter far apprendere bene, con piacere, le materie. Affinché queste diventino bagaglio sedimentato del proprio essere e non vacue nozioni. Inoltre, una relazione, per essere educativa, deve essere asimmetrica, intenzionale, globale e continuativa. Deve promuovere la *crescita, il cambiamento e deve saper lavorare sul conflitto e sui limiti. Non tutte le relazioni educative però sono ugualmente efficaci in relazione alla facilitazione degli apprendimenti e delle competenze relazionali; ciò richiede all'insegnante un continuo monitoraggio del suo essere in relazione, una disponibilità a mettersi in gioco nella relazione educativa non solo come soggetto di cambiamento, ma anche come soggetto al cambiamento, capace cioè di accogliere le risposte dei bambini come elementi costitutivi della stessa azione educativa, e di modificare di conseguenza la quantità e la qualità dell'intervento educativo. Un livello ancor più complesso da tener presente consiste nel pensare che ogni relazione si inserisce all'interno di un sistema di relazioni dalle quali non si può perlopiù prescindere, come afferma Pennac (2008) "...I nostri studenti non arrivano mai soli a scuola. In classe entra una cipolla: svariati strati di paura, rancore, rabbia, desideri insoddisfatti, rinunce accumulate su un substrato di passato disonorevole di presente minato, di futuro precluso (...) il corpo in divenire e la famiglia nello zaino. La lezione può incominciare solo dopo che hanno posato il fardello, pelato la cipolla. Difficile spiegarlo, ma spesso basta solo uno sguardo, una frase benevola, la parola di un adulto, fiduciosa, chiara ed equilibrata per dissolvere quei magoni, alleviare quegli animi, collocarli in un presente indicativo (...) e forse domani si dovrà ricominciare daccapo (...) Se non riusciamo a collocare i nostri studenti nell' indicativo presente della nostra lezione, se il nostro sapere e il piacere di servirsene non attecchiscono su quei ragazzini e quelle ragazzine, la loro esistenza vacillerà sopra vuoti infiniti".*

CAMBIAMENTO DI PROSPETTIVA N. 2

Immaginatevi di essere in Cina, o anche solo in Germania. Avete imparato qualche parola, quelle basilari di prima comunicazione sulle necessità più essenziali. Se sentite parlare un cinese, o un tedesco, avete l'impressione di sentire solo suoni, o rumori, poi capita, all'improvviso, che quello pronuncia un suono che riuscite a riconoscere; lo individuate come PAROLA. Evviva! Gioia! Tra poco si mangia, perché ha detto "pane"! I bambini della cosiddetta "Scuola dell'Infanzia", ma non solo, vivono la stessa situazione. Non proprio la stessa, perché oggi la proprietà di linguaggio di tannti bambini è sorprendentemente più precoce rispetto a una decina di anni fa, per cui, diciamo che sono in grado di comprendere tanta parte della lingua degli adulti. Ma ci sono comunque tantissime parole di cui non conoscono il significato, che non comprendono. Inoltre, oggi, se da una parte abbiamo a che fare con tantissimi bambini che a tre anni hanno lessico e costruzione di frase di buona competenza, dall'altra c'è pure un aumento sorprendente di bambini che "parlano male", con "disturbo del linguaggio"; buona intelligenza, ma scarsa capacità di utilizzare il linguaggio. Questo vale anche per la Scuola Primaria, dove, in aggiunta a questa situazione, sempre più si registra la presenza di bambini di madre lingua diversa dall'italiano. Da un altro punto di vista, è ormai un obbligo inoltre inglobare nella fomazione degli insegnati la conoscenza delle intelligenze multiple. Riprendendo quanto afferma la docente Rosalia Barba: "Una scuola attenta ai bisogni degli alunni (in difficoltà), dunque, dovrebbe sapersi adeguare alle differenze degli alunni, (soprattutto se disabili), modificando modi e metodologie, strategie, tempi, strumenti, stili, attività, in accordo con quanto affermato da Gardner stesso. Questi ci ha introdotti alle intelligenze multiple, portandoci a riflettere sul ruolo che ogni intelligenza ha nel proprio rapporto con la conoscenza: in un mondo complesso come quello odierno, sviluppare un rapporto con il sapere che si basa sull'utilizzo di più intelligenze, potrebbe favorire l'educazione alla transitività cognitiva, cioè al passaggio da un sapere a un altro in maniera fluida e immediata. Alla luce di quanto detto, quindi, una domanda risulta inevitabile: come possiamo, noi docenti, pretendere che in una classe il rapporto con il sapere venga proposto, guidato, stimolato in modo univoco, secondo schemi basati solo sulla trasmissione frontale? E ancora, come si può favorire la conoscenza e la consapevolezza dei propri stili di apprendimento e di processi cognitivi negli studenti se viene privilegiato un unico canale? La risposta, tanto banale quanto ovvia, parte dalla conoscenza delle caratteristiche e dello sviluppo delle diverse intelligenze proposte da Gardner e dalla loro valorizzazione. Per molto tempo, negli ambienti educativi, le differenze individuali sono state considerate un elemento di poca importanza, ogni persona veniva trattata come le altre, e questo trattamento sembrava in apparenza corretto. L'approccio gardneriano si fonda su un metodo diametralmente opposto, ossia su quello che viene denominato istruzione Student-Centred, centrata sull'alunno, in base al quale si cerca di conoscere il più possibile ogni allievo, poi si crea e si utilizza una modalità di insegnamento capace di aiutare ciascuno a imparare il più possibile secondo i modi, i tempi, i ritmi, gli stili a lui congeniali. Tutto questo si traduce, nella didattica, in un approccio teso a valorizzare le differenti potenzialità di ogni studente, individuabili attraverso un'osservazione sistematica e condotta con criteri e strumenti validati scientificamente, ma sostanzialmente molto diversi dai tradizionali test di intelligenza. Tutte le attività da svolgere, nonché le strategie e le metodologie da applicare, debbono essere pensate con l'intento di venire incontro alle diversità dei singoli alunni e di creare opportunità per far esprimere, sotto forme diverse, il potenziale di intelligenza di ogni singolo allievo" [4]. È interessante constatare che l'istruzione Student-Centred, centrata sull'alunno, di Gardner, combacia molto bene con la modalità Matrioska "Partire dai bambini". Mentre mi piace pensare che lo stesso psicologo statunitense avrebbe accolto come conseguenza automatica, naturale, spontanea, quasi ovvia la mia idea di utilizzare il GIOCO, che è il linguaggio assolutamente proprio dei bambini, quello con cui manifestano sé stessi e il loro modo con cui vedono, interpretano la realtà e interagiscono con essa. IL GIOCO diventa, quindi, lo strumento didattico di eccellenza così come i percorsi simbolici possono rappresentare modalità valide di differenziazione come auspicato da Gardner stesso e sottolineato dalla Barba.

PARTIRE DALLA GIOIA!

PENSIERI STRUTTURANTI

Questa parola d'ordine stabilisce un grande capovolgimento: realizza il fatto che il punto di partenza non è un concetto; il punto di partenza viene ridefinito e diventa un sentimento. Riuscite ad immaginare la portata di questo capovolgimento? Per l'insegnante non è più stare alla lavagna a mostrare le letterine per l'apprendimento della lettura: il punto di partenza diventa condividere un sentimento. La gioia poi ha bisogno di un corpo fisico che la contenga subito dopo di una relazione che la solleciti, che le dia vita. L'incontro tra le persone è quindi una condizione irrinunciabile: la persona maestra che si incontra con la persona bambino, con ogni bambino, in maniera chiaramente differenziata e distinta; e i bambini con la maestra e con i compagni. L'insegnamento fatto con passione e amore è una delle ARTI più coinvolgenti e potenzialmente gratificanti che si conoscano. È un'esperienza esaltante osservare i bambini e ascoltare il "rumore" dei loro cervelli in movimento quando pensano, quando agiscono, e godere delle loro scoperte, delle loro osservazioni, del modo straordinariamente creativo con cui spesso trovano le risposte o la soluzione per certi problemi.

DAL SAPER FARE AL VOLERE SAPERE

PENSIERI

"Mamma, papà, guarda cosa so fare!" I bambini partono dal motorio: dal "saper fare" con il corpo, con il movimento; ogni piccola conquista rappresenta il valore di una prodezza di cui si sentono orgogliosi e ansiosi di MOSTRARLA a mamma e papà, per averne il plauso, per averne il riconoscimento, per ricevere l'avvallo all'orgoglio. E poi, un po' più grandini a scuola: "Maestra, io lo so!"; "L'ho detto prima io!". "Lo sai che…?" è uno dei loro giochi preferiti a scuola, a casa con i genitori, i nonni, gli amici etc. È grande il bisogno di mostrare quello che sanno, che sanno meglio degli altri, che gli altri non sanno e lo sa solo lui o lei… Ciascun bambino o bambina detiene un piccolo "gruzzoletto" di SAPERE; ed è di enorme importanza saperlo vedere. Bisogna sapere accoglierlo, quando viene MOSTRATO, ESIBITO! Non è solo la maestra/ il maestro che detiene l'assoluto potere della conoscenza: (ai bambini si dirà: certamente la maestra/il maestro conosce tante cose in più, perché è più grande e ha tanti anni in più di esperienza), ma ogni bambino o bambina può essere depositario/a del suo piccolo pezzetto di conoscenza. E deve essere ben chiaro: qualunque SAPERE viene riconosciuto: dal nome delle regioni d'Italia, a giocare a calcio; dal saper già scrivere, al sapersi allacciare le stringhe. La maestra/il maestro mostra agli altri bambini quanto anche ognuno di loro possa imparare qualche cosa in più, grazie al compagno o alla compagna. Quindi, nello "scrigno" in cui custodiscono il loro tesoro, (il loro bellissimo cervello) possono mettere, ogni volta, una perla in più!

AZIONI

Non solo, ma ancora una volta, capovolgiamo il tutto: usciamo dalla logica del "fare per sé", non guardare l'altro, non pensare a quello che fa il compagno, oppure "non copiate, lavorate da soli, ognuno per sé, non copiare il disegno del compagno, ecc. ecc.". Anzi, al contrario, ognuno può trarre ispirazione dai compagni, oppure sentirsi orgoglioso di funzionare da stimolo. Anche in questo caso si applica IL PRINCIPIO dell'AIUTO, e si stimola la collaborazione, l'idea di un arricchimento continuo e progressivo.

PENSIERI

Vantaggi:

➤ L'apprezzamento, il Riconoscimento, sentirsi valorizzati aumenta e rinforza l'autostima.

➤ Potersi MOSTRARE agli altri con semplicità, perché a tutti è garantita la stessa cosa alleggerisce la timidezza e li libera dall'invidia.

➤ Sentisi utili per gli altri li educa alla solidarietà, a uno spirito di comunità vissuto con gioia.

➤ La gratificazione e il sentirsi autorizzato a provare orgoglio del proprio sapere, motiva ad aiutare, e a sentirsi fieri di sentirsi capaci di aiutare.

➤ Sperimentare quanto sia bello sapere perché, tra l'altro, è prezioso per tutti, consolida l'aspetto cognitivo con una forte emozione di piacere! Anche il concetto dell'errore può stemperarsi in qualcosa d'altro: non più lo spauracchio di cui avere paura o terrore (spesso paralizzante) ma come un "incidente" che può capitare a tutti, e che anche i compagni possono aiutare a correggere con una modalità molto più fluida, sempre secondo il principio dell'aiuto. I vantaggi non sono finiti: Immaginiamo di adottare "il principio dell'aiuto" e il principio del "modello che aiuta a migliorare". Questa modalità aiuta a evitare che la classe si organizzi in termini piramidali, con il primo della classe, quello che SA LE COSE, per definizione, odiato e perseguitato, e poi via-via quelli sempre meno bravi. Distribuire il riconoscimento delle "competenze", per cui i bambini vengono inseriti in una atmosfera molto più aperta e rassicurante in cui individuo e gruppo non hanno più distinzioni troppo nette scardina, elimina dalle fondamenta la categoria degli "asini".

SECONDA PARTE

L'APPRENDIMENTO EMOTIVO-COGNITIVO

PENSIERI

È quello che si struttura con la Psicologia Didattica Matrioska, che dimostra come EDUCARE e ISTRUIRE possono coesistere nello stesso momento, e questo si realizza MENTRE si insegna, per COME si insegna. È quello con cui, per una maestra/un maestro, sarà bello assicurare a ogni bambino o bambina una ripresa del lavoro didattico sana, senza "SFORZO MENTALE" e predisporli a tutti gli avvenimenti quotidiani con la GIOIA della scoperta. L'assunto di base è che, perché i bambini imparino sono necessarie determinate condizioni che riguardano l'aspetto emotivo; è quindi assurdo e controproducente, bombardarli di didattica, materie da imparare, compiti da fare, senza prima assicurarsi che le loro menti siano effettivamente aperte, permeabili, recettive. Prima viene l'individuo, il SOGGETTO bambino/bambina che sappia dare un senso alle esperienze in cui è immerso/a, poi lui/lei può diventare un alunno, una alunna. Atto didattico e attenzione educativa si realizzano nello stesso momento e rendono attuali la PREVENZIONE PRIMARIA, la PROMOZIONE delle dotazioni, il POTENZIAMENTO delle capacità, direttamente e tempestivamente, perché diventano una modalità particolare con cui l'insegnante scandisce tempi e modi per il suo lavoro, senza che debbano venire istituiti momenti separati e scollegati tra di loro (i famigerati progetti). Ogni proposta didattica viene prospettata ai bambini con l'obiettivo che ognuno di loro sia messo nelle condizioni di poter capire, comprendere, attivare motivazione e disponibilità ad apprendere e quindi con una specifica attenzione alla condizione emotiva di ciascuno di loro, per intervenire tempestivamente su disagi e blocchi emotivi.

AZIONI

È importante, quindi, non dare tutto per scontato, ma spiegare sempre tanto. Nei primissimi giorni di scuola, ad esempio, a partire da dove si trovano, perché le cose che vedono lì, in quella nuova scuola, sono diverse dalla scuola dove stavano prima, perché dovranno fare delle cose nuove, ma che non c'è motivo di avere paura perché impareranno le cose nuove un pochino alla volta (una delle paure principali dei bambini è che comunque tutto sarà troppo grande per loro, non alla loro altezza; che maestre, mamme, papà, si aspettano da loro che imparino immediatamente tutto e in una volta; per il principio del tutto o niente, se non sanno scrivere o imparare a riconoscere la lettera "a" vuol dire che non sanno fare niente... e il senso di inadeguatezza è uno dei nemici peggiori della disponibilità ad apprendere!). È quindi estremamente importante dare diversi e ripetuti messaggi di rassicurazione, di conforto e di fiducia. Il Metodo Matrioska abbandona la separazione delle materie. Ogni insegnante utilizza tutte le sue competenze pedagogiche e didattiche così pure la propria formazione su empatia e capacità umane per guidare i bambini nel cammino verso la conoscenza. Nel cambio delle ore si intende che solo le insegnanti siano suddivise per materie, per i dovuti approfondimenti, ma non i bambini e non la CONOSCENZA, non il SAPERE! Per loro il modo di procedere deve essere articolato come un collegamento continuo, un arricchimento progressivo e non una separazione dei "saperi", spesso a compartimenti stagno.

PENSIERI

Nel mondo dell'infosfera, questo non ha più senso. Come teorizza Luciano Floridi, come la biosfera è il luogo in cui tutti i viventi vivono la loro vita biologica, così l'infosfera è l'ambiente, costruito dalle informazioni, in cui viviamo la nostra esperienza di vita quotidiana. La nostra società sta affrontando un cambiamento drastico. Una fase di radicale trasformazione, che Luciano Floridi chiama "quarta rivoluzione", che non è da intendere come la cosiddetta quarta rivoluzione industriale a opera dell'intelligenza artificiale (che segue quelle del motore a vapore, dell'elettricità e dell'informatica), ma è una rivoluzione dell'essere, della comprensione di noi stessi e al centro della quale c'è l'infosfera: lo spazio informativo dell'epoca digitale che coinvolge tutti gli ambiti della vita, ponendo sfide sconosciute [5]. Con il Metodo Matrioska non c'è nessuna differenziazione tra i bambini, nessun inserimento standardizzato e standardizzante in categorie specifiche; gli insegnanti si occupano di tutti i bambini, dedicandosi al potenziamento e alla valorizzazione delle dotazioni, dei talenti di ognuno, senza alcuna etichetta, senza alcuna categorizzazione. Il Metodo è per sua natura inclusivo. La psicodidattica matrioska abbraccia tutto l'impegno dell'apprendimento, in tutti i suoi ambiti e le sue diramazioni, sotto il grande ombrello del PRINCIPIO DEL RISPETTO che viene organizzato con la FORMULA della FELICITA'. L'inserimento di aspetti apparentemente esclusivamente etici, come il rispetto e la considerazione per l'altro, rappresenta una vera e propria rivoluzione nell'organizzazione della formulazione didattica. È importante sottolineare che è su base scientifica che un insegnamento di tipo sociale ed etico, diventa determinante per tutto l'apprendimento, e addirittura, per quanto riguarda l'apprendimento cognitivo, ne determina la qualità e la persistenza. Per non parlare poi dell'efficacia riguardo alla prevenzione del bullismo. Decidiamo quindi di organizzare il lavoro con i bambini impostandolo su:

la FORMULA della FELICITA' 3 R + G = GIOIA !
Questa è la prima formulazione adatta ai bambini più piccoli. Con l'evoluzione neuropsicologica nella visione del mondo dei bambinisi si affaccia la CONSAPEVOLEZZA.

Di conseguenza la FORMULA subisce
un'evoluzione e diventa:
3 R + G + (C + R) + G2 = GIOIA!

RISPETTO per se stessi RISPETTO per gli ALTRI
RISPETTO per il MONDO in cui VIVIAMO +
(CONSAPEVOLEZZA + RESPONSABILITA') + G2
= (LA GENTILEZZA CONSAPEVOLE) cioè

**FAI AGLI ALTRI QUELLO CHE VORRESTI CHE
GLI ALTRI FACESSERO A TE = GIOIA!**

Intendo per FELICITÀ, in questa circostanza, una condizione di consapevolezza del proprio esistere nel mondo, con senso di appagamento, di capacità di reggere di fronte alle situazioni di stress. Di individuare e riconoscere i propri desideri, con la forza interiore necessaria per poterli realizzare. Che poi è la consapevolezza di saper raggiungere scopi, di accettare sfide e perdite e di conquistare le proprie mete. Rimanendo fedeli alla concatenazione di eventi, dalla Consapevolezza deriva, la Responsabilità, quasi come un processo naturale. Inoltre, anche la Gentilezza può diventare consapevole e quindi più sentita, vissuta e partecipata, e diventa capacità di provare piacere dal piacere che si dà all'amico. Diventa Gentilezza su base empatica. Da questo momento possiamo guidare concretamente i bambini verso l'assunzione della RESPONSABILITÀ. L'importanza del ripristino della dimensione del RISPETTO diventa inconfutabile se consideriamo che dal sentimento di "Rispetto per gli altri" deriva l'etica; dal "Rispetto per l'ambiente" deriva la convivenza civile; dal "Rispetto per sé stessi" deriva l'autostima e la realizzazione personale. In più la GENTILEZZA, la CONSAPEVOLEZZA, la RESPONSABILITÀ rappresentano aspetti e sentimenti che si possono tradurre nel grande sentimento dell'AMORE che è veramente in grado di dare GIOIA! Il guadagno che si ricava proprio con il rispetto delle regole, o dai sentimenti che sbocciano quando ci si sente adeguati a un contesto con determinate aspettative, e dai sentimenti che nascono dopo un gesto di cortesia o di attenzione verso gli altri, nel ricevere anche semplicemente un sorriso e un grazie, è incontestabilmente la GIOIA.

TRADURRE LA LINGUA DEGLI ADULTI IN BAMBINESE: IL GIOCO.

PENSIERI

Continuiamo il discorso. Bisogna riconoscere che tra le "caratteristiche" dei bambini, c'è quella che la loro lingua è diversa da quella degli adulti; il loro linguaggio, il canale con cui mettono in comunicazione il proprio mondo interno con quello esterno, degli adulti, è il gioco. Questo non è un "passatempo", o ancora peggio, una "perdita di tempo"; la motivazione al gioco è una cosa "serissima", che quindi può essere una modalità utilissima da utilizzare anche a scuola, per permettere una comprensione più facile e immediata di ciò che si vuole "che imparino". È utile anche ai maestri per comprendere lo stile di intelligenza proprio di ogni bambino o bambina. È sciocco avere paura di usare un tipo di comunicazione che contempli modalità di gioco, perché questo permette che i messaggi arrivino in maniera diretta e immediata. Gli studi dimostrano che un ambiente ricco di stimoli, associato al gioco, aiuta la crescita della corteccia cerebrale. L'immaginazione è l'ingrediente fondamentale perché il gioco abbia i suoi effetti positivi. Secondo il National Scientific Council on the Developing Child, l'ambiente in cui i bambini crescono è vitale per la loro salute. Infatti, la continua esposizione di un bambino a situazioni stressanti che causano in lui paura o ansia potrebbe avere delle ripercussioni nell'"architettura" del suo cervello. Secondo l'American Academy of Pediatrics (AAP) nello studio "The power of play" (2018), il gioco è fondamentale per avere bambini in salute, creativi, curiosi e con le competenze del 21esimo secolo, ma anche per la costruzione delle loro competenze e abilità per ridurre i livelli di stress e per costruire legami forti. Tutta la paura che oggi la scuola italiana dimostra nei confronti del gioco non ha giustificazione e rappresenta un grave errore. Ancora peggio è considerare il gioco unicamente come sfogo fisico, relegato alla ricreazione. Come se, dando per scontato e riconoscendo come normale che i bambini siano stati compressi nelle ore di attività scolastica precedenti, sia giusto poi concedere loro lo sfogo, come abbandono di ogni riferimento a regole o a comportamenti adeguati al contesto scuola. Si aprono le porte delle classi e escono i bufali allo sbando e allo "sbraco" più totale. Con gli insegnanti che guardano da un'altra parte, o, peggio, lo considerano accettabile e giustificabile. D'altra parte, paradossalmente anche i genitori sbagliano nel privilegiare i giochi elettronici rispetto al gioco di relazione, con giocattoli veri, tra compagni reali, e, quanto più possibile, all'aria aperta. L'orientamento didattico corrente, fondamentalmente ancora cognitivista, permette il perdurare di un controsenso: mentre da un lato lo studio citato sopra dimostra come il gioco a scuola aiuti i bambini a gestire lo stress e li renda più tranquilli, soprattutto quelli con comportamenti di disturbo della classe; viceversa, i tempi di gioco e ricreazione a scuola diminuiscono. Troppo spesso i 10 minuti concessi ai bambini per la cosiddetta ricreazione bastano a mala pena per riuscire a mangiare la merenda. È normale per tanti insegnanti, che gli alunni, ingurgitato di fretta l'ultimo boccone, riprendano il lavoro didattico con un'altra materia, con un'altra insegnante. E l'assurdo è che questa insegnante, potrebbe proprio occuparsi di un progetto di "educazione alimentare"... Eppure, l'American Academy of Pediatrics, società scientifica alla quale aderiscono 67.000 pediatri, raccomanda agli insegnanti di adottare approcci didattici che favoriscano l'apprendimento attraverso il gioco e di favorire il gioco spontaneo tra i bambini. Mario Molina, premio Nobel per la chimica, fin dal 1995, in un'intervista esortava gli insegnanti ad abbandonare i sistemi scolastici tradizionali e ad insegnare la scienza e la matematica facendo divertire i bambini e i ragazzi. È di capitale importanza che tutto questo diventi evidente anche per i genitori, i quali, sappiano frenare le loro smanie di prestazione indirette sui propri figli e si affidino alla competenza degli insegnanti. La smettano quindi di stare col fiato su collo degli insegnanti stessi, con continue pressioni sul lavoro didattico.

UN'EMOZIONE DI MATEMATICA!

di GIULIA CUCCARU

La matematica, assolutamente amata o assolutamente odiata dagli studenti! Già il nome "matematica" fa presupporre qualcosa in cui sia bandita ogni forma di libertà di invenzione e creatività, quasi fosse nella sua etimologia. Il regno della logica indefettibile dove la creatività non può trovare alcuna strada. Ma chi l'ha detto? Era Einstein che diceva che la matematica è un aspetto della creatività umana pari alle arti visive, alla musica alla letteratura ed entra in tutti i campi del sapere e della vita. La mia visione di questa materia a 360 gradi si sposa perfettamente con la visione del metodo che ha a che fare col bambino a 360 gradi anch'esso e l'incontro con Mariangela, avvenuto pochi anni dopo il mio esordio come maestra, non poteva che capitare come il cacio sui maccheroni. Inoltre, la mia innata predisposizione al gioco e il mio essere un po' teatrale e comica mi ha facilitata nell'acquisizione di tutte le componenti del Metodo che ad oggi credo di aver assimilato piuttosto bene. Mariangela ha dato l'aggiustatina che mi ci voleva, facendo smussare gli angoli di dubbi e incertezze che mi portavo come retaggio dalla scuola tradizionale, sfatando miti sull'apprendimento tramite la ripetizione inutile e l'esercizio estenuante, suggerendomi di volta in volta i suoi formidabili "trucchi" per "acchiappare" la classe e i singoli bambini, soprattutto i più insicuri e i più "movimentati". Una lezione di matematica col metodo Matrioska per incentivare il pensiero divergente e la creatività dei bambini, non deve far altro che partire da una emozione: la gioia! La gioia di leggere insieme un problema inventato dalla maestra che fa parte di una storia più grande, che sia accattivante perché entra nel mondo dei bambini; una storia di pirati, o di animali fantastici, di avventure rocambolesche, con personaggi insoliti e divertenti, tanto che i bambini stessi sono invogliati successivamente a inventare dei problemi simili e sono stimolati a formulare ipotesi e trovare strategie di risoluzione, senza la paura del giudizio dell'insegnante, anche insieme ai compagni.. Ed è così che l'apprendimento avviene da sé perché i bambini sono motivati e si divertono... il gioco e il divertimento che ne consegue è fondamentale. In prima elementare si contano le stelline e i cuoricini del cartellone. I bambini imparano il concetto di decina e fanno le operazioni dell'addizione e della sottrazione attraverso le domande: quante stelline mi mancano per arrivare a ...? E tutte queste operazioni sono collegate a un argomento che li coinvolge tanto, e che attiva il loro cervello cognitivo con una eccitazione che li fa "vibrare". In seconda elementare partiamo dai "galeoni dei pirati" e iniziamo una caccia al tesoro con giochi matematici. Metto sempre una musica di sottofondo come a voler creare una colonna sonora delle varie avventure. Accolgo tutte le idee, cerco di coinvolgere i più timidi senza imprimere alcun giudizio e giochiamo tutti insieme. Nel periodo di Halloween o del carnevale anche io mi diverto ad arrivare in classe vestita da strega o da maghetta e a trasformare la classe in un castello dove si può giocare al gioco del detective o ad altri giochi di logica in cui i bambini si divertono mentre apprendono. Faccio sempre partire la mia attività didattica da un racconto; in effetti è l'ascolto di una storia con cui entrano su un piano immaginativo e fantastico e dall'atmosfera di diffusa serenità che permette ai bambini di superare l'ansia da prestazione; ed è così che le connessioni neuronali si innescano e si intrecciano al meglio. Do spazio e importanza *anche al disegno e alla rappresentazione artistica sul quaderno di matematica che diventa colorato e bello da sfogliare e da guardare. Su questo quaderno il voto non esiste... o è del tutto secondario, perché è inutile per il bambino, non ha alcuno scopo, né psicologico, né educativo, ne' didattico. Il programma non diventa più la priorità o assegnare i compiti a casa, poiché sono gli stessi bambini ad aver voglia di proporli ed inventarli. In questi ultimi sette anni ho frequentato differenti scuole allontanandomi fisicamente dalle colleghe con cui ho condiviso il Metodo ottenendo favolosi risultati, ma ho tenuto sempre un collegamento stretto con loro e con Mariangela, che mi ha permesso di provare su me stessa la capacità di saperlo utilizzare comunque in ogni occasione di vita scolastica e verificando che effettivamente fa ormai parte del mio modo di essere. Non potrei 'insegnare' senza questa impronta inconfondibile che lascio al mio passaggio nei bambini e negli insegnanti che via via incontro e che assistono più o meno incuriositi e sbigottiti alle mie "lezioni -spettacolo", così come le chiamano loro!*

I GIOCHI PSICO-DIDATTICI

Le neuroscienze insegnano che le esperienze che rimangono più facilmente impresse nella mente sono quelle mosse dal vivo interesse; inoltre è una scoperta acclarata che con il gioco si innescano nunerose attività sensoriali e si sviluppano le emozioni, e non solo questo, ma anche l'organizzazione cognitiva e tutto il cervello. Con il Metodo Matrioska l'organizzazione delle classi tiene conto delle tappe evolutive che i bambini attraversano e, in relazione a queste, vengono delineati dei percorsi di gioco, che si protraggono per tutto l'anno scolastico, e che rappresentano la trasposizione di concetti di riferimento predefiniti in tracce di fantasia, con una partecipazione fisica ed emotiva (proprio come funzionano i giochi) che hanno lo scopo di guidare i bambini nei loro passaggi fondamentali di crescita.

I GIOCHI PSICO-EDUCATIVI

Il Gioco Simbolico consente una identificazione profonda con la situazione proposta dal "percorso educativo", ed è uno straordinario strumento di formazione della personalità e inoltre, è utile per la gestione della classe. Classe prima I riferimenti di base sono: il corpo/ i sentimenti e le emozioni/ la famiglia.

Classe Prima. i riferimenti di base sono: il corpo/i sentimenti e l'emozioni/la famiglia.
GIOCHI PSICO-DIDATTICI
1) Il mare del silenzio

2) La collana delle conquiste

3) La Stanza del Castello

4) Il viaggio con i GALEONI GIOCHI PSICO-EDUCATIVI

1) Lo sai che?

2) La Signora Paura e il Signor Coraggio

3) Il Gioco dei Ruoli

4) "L'ambiente pulito è il mio preferito"

Classe Seconda. I riferimenti di base: gli amici e l'amicizia.
GIOCHI PSICO-EDUCATIVI

1) Il Gioco dei Ruoli (continuazione)

2) Leggo con i miei eroi!

3) Il mare del silenzio

4) C'è posta per te

5) Il volo della colomba

6) "L'ambiente pulito è il mio preferito"

Classe Terza. I riferimenti di base: gli amici e l'amicizia.

 GIOCHI PSICO-EDUCATIVI

1) Il Gioco dei Ruoli (continuazione)

2) Le Storie di Cuore

3) I NUOVI EROI

5) C'è posta per te /continuazione

6) La conquista della pietra blu step 1. 5) "L'ambiente pulito è il mio preferito"

Classe Quarta. I riferimenti di base: la scoperta del territorio.
GIOCHI PSICO-EDUCATIVI

1)Il gioco dei ruoli (continuazione)

2) Le Storie di cuore (continuazione)

3) I NUOVI EROI (continuazione)

4) La piuma del pavone

5) La conquista della pietra blu (continuazione)

6) "L'ambiente pulito è il mio preferito"

Classe quinta I riferimenti di base: la conoscenza del mondo.
GIOCHI PSICO-EDUCATIVI
1) Il gioco dei ruoli (continuazione)
2) I NUOVI EROI
3) Le Storie di cuore (continuazione)
4) La piuma del pavone (continuazione)
5) Il Volo della Colomba (continuazione)
6) La conquista della pietra blu (continuazione)
7) "L'ambiente pulito è il mio preferito" "LA SIGNOR PAURA e il SIGNOR CORAGGIO"

AZIONI

Torniamo nella nostra classe, e continuiamo a guardare quello che succede. E c'è una sorpresa: assistiamo a una rappresentazione. La "maestra matrioska" da un altro bel colpo di zappa per capovolgere ancora un'altra zolla: ecco il GIOCO "LA SIGNORA PAURA e il SIGNOR CORAGGIO"

Ed ecco il modo giusto per la presentazione della didattica ai bambini. Di fronte alle richieste della maestra, del maestro ci sono bambini che reagiscono con una grande paura di sbagliare. Questa può avere un'origine lontana, dai genitori che hanno fatto richieste inadeguate o con modalità sbagliate o dalle maestre della scuola precedente, o anche altro. Questo GIOCO non sollecita competizioni; per i bambini rappresenta una sfida con sé stessi; non si vince su qualcun altro, ma si vince per provare la soddisfazione di avere superato una prova "di coraggio" con sé stessi. Il messaggio da trasmettere è: a tutti può capitare di provare, in qualche momento particolare, il sentimento della Paura; perciò, non esistono i "fifoni assoluti" e i "coraggiosi assoluti"; anzi: la cosa più normale è proprio quella di provare paura. Anche gli

Eroi più grandi, prima sentono la paura, e poi... fanno funzionare il coraggio. Quindi non saranno ammesse prese in giro; non saranno ammesse frasi del tipo: "Ah, tu sei una fifona o un fifone!". La Signora Paura è una vecchietta bella sveglia e arzilla; il Signor Coraggio, è un giovane un po' dormiglione; non è sempre attento e presente. Abitano tutti e due dentro il nostro cuore. Quando ci troviamo di fronte ad una prova che ci sembra difficile, può capitare che la Signora Paura si faccia sentire forte dentro il nostro petto. E quando la maestra/il maestro ci da un compito, noi sentiamo il cuore stretto stretto, perché se sbagliamo abbiamo paura della delusione della maestra/del maestro, e di mamma e papà, o che i nostri compagni ci prendano in giro. Pensate, bambini, quanto è bello quando Antonello, Martina, Giancarlo, Luca, Gaia etc. etc riescono a chiamare il Signor Coraggio, a svegliarlo e a farlo entrare in azione per aiutarli a fare le cose che riescono a fare solo con lui! E così vincono! C'è da dire che una maestra, un maestro matrioska il Coraggio lo dimostra in qualunque circostanza, compresa quella in cui è capace di non avere paura del suo divertimento e di utilizzare anche un travestimento per fare immedesimare ancora meglio e più profondamente i bambini nelle situazioni! Basta uno scialle o qualcosa del genere, possibilmente nero e presentarsi con quello sulla testa e che, magari, copra anche le spalle; o un cappellaccio, o qualunque altro abbigliamento che possa caratterizzare una vecchietta. Così "agghindata" /o oppure travestita/o, si presenta ai bambini: ecco la Signora Paura! Ma poi... all'improvviso si libera del travestimento e... tatan! Il Signor Coraggio è arrivato! E si presenta ai bambini mostrando i muscoli. Più i bambini ridono e si divertono, più dobbiamo essere soddisfatti e contenti perché possiamo avere la certezza che il "Signor Coraggio" funzionerà. È bene "prestare attenzione e dare importanza" a che TUTTI i bambini ridano. Se qulcuno, o qualcuna, non lo fa, avrà bisogno di un'attenzione particolare.

SPIEGAZIONE

Tutte le mattine, ogni bambino scriverà sul quaderno, in alto, alla pagina del giorno, da una parte la P di paura e dall'altra la C di coraggio; poi disegnerà un ponticello che li unisce.

P-- C

"Bambini, la regola del gioco dice questo: si parte da sinistra, (dov'è la sinistra?), dalla paura (che c'è quasi sempre, magari anche solo un pochino...) e si va verso destra a svegliare il coraggio. Tutte le volte che riuscirete a dire alla vostra "Signora Paura" di chiamare il "Signor Coraggio", e riuscirete a fare una cosa anche se ne avete tanta paura, alzerete la mano per dirlo alla maestra/al maestro così lei/ lui vi autorizzerà a disegnare una bella perla colorata sul ponticello. Alla fine della settimana conteremo le perle disegnate e metteremo una bella perla vera nel filo della "collana delle conquiste". È bene sottolineare che per i bambini, come si è già detto, ma vale la pena ribadirlo, la disponibilità ad apprendere, vale a dire, l'attivazione di tutti quei processi cerebrali di cui oggi le ricerche delle neuroscenze ci danno conferma, derivano dal loro stato d'animo, dalle loro emozioni, dai loro sentimenti, dalla loro sensazione di benessere, di gioia, dal loro sentimento di felicità. Subito dopo bisogna che tutto sia alla portata della loro comprensione e sia soprattutto significativo. Tutto deve avere un senso. È importante ricordare che spetta a noi adulti dare un senso a tutto e trasmetterlo nel modo adeguato, e il bambino diventerà pronto, disposto ad accettarlo e ad adeguarsi.

"IL MARE DEL SILENZIO"

PENSIERI

Ma ora i bambini debbono anche imparare ad applicarsi. Sappiamo bene quanto sia difficie e delicato questo momento. Quanto sia difficile ottenere il silenzio, la concentrazione e portare i bambini all'attenzione. Arriva in aiuto il Mare del Silenzio. AZIONI Il gioco prevede una bella striscia blu adesiva da applicare sul quadernone. Ogni volta che il bambino resiste per cinque minuti in silenzio, riceve un pesciolino (sticker) da incollare sulla striscia. Progressivamente si aumentano i minuti richiesti e aumenta anche il valore dei pesciolini. Non superare mai i 15 minuti!

"IL GIOCO dei RUOLI e dei SIMBOLI"

Dopo avere istituito le STELLINE e i CUORICINI, è il momento del GIOCO più direttamente connesso alla costruzione della disciplina e che manda in soffitta l'abitudine di fare scrivere "i buoni e i cattivi" sulla lavagna. Anche questo ha diversi obiettivi: 1) portare i bambini alla conquista dell'autocontrollo come un'acquisizione   progressiva, che avvenga per identificazione; 2) permettere ai bambini di identificarsi anche con l'autorità; 3) avviare i passi verso l'acquisizione della responsabilità, come attenzione verso sé stessi e verso gli altri, occupandosi e preoccupandosi degli altri, in stretta connessione con il principio dell'aiuto. Con questo strumento è possibile, inoltre, scavalcare e ribaltare la tendenza   dei bambini a "fare la spia", (che è comunque un voler esercitare un "controllo" sugli altri), ridefinendola in positivo e dando forma a "funzioni di controllo" connotati come sostegno e aiuto ai compagni e alle maestre.

Spiegazione Ogni mattina la maestra/il maestro che entra in classe, attribuisce a cinque bambini un ruolo specifico. Questi ruoli hanno un nome con riferimento a funzioni appartenenti al mondo animale.

➤ Il Falco: per la vista acuta e per il suo "volare alto"; è l'aiutante stretto delle maestre, dei maestri, l'alter ego, con il compito di effettuare un controllo sulla classe. Ha l'incarico di osservare il comportamento dei compagni e il loro rispetto delle regole. Il suo compito non è la segnalazione alla maestra, ma quello di ricordare al compagno quale sia il comportamento corretto, sulla base del principio dell'aiuto.

➤ La Formica: (per l'operosità); controlla il materiale, lo predispone secondo le indicazioni della maestra, lo distribuisce.

➤ L'Ape: (trasporta il miele; preleva e diffonde nutrimento e dolcezza); sovrintende il momento della merenda.

➤ Il Pavone: ribalta la considerazione negativa del pavoneggiarsi. Il pavone, al contrario tutela il diritto di un bambino, di una bambina di mostrare i suoi aspetti BELLI, le sue BELLE CONQUISTE. Il simbolo del pavone funziona anche per le attività didattiche, ad esempio le interrogazioni. Quando un bambino, una bambina raggiunge un obiettivo, quando compie un'azione che ha comportato attenzione, impegno, costanza, è giusto che possa godere dell'ORGOGLIO di SÈ di fronte ai compagni. È un diritto di tutti. È così che li si può stimolare a prendere il PAVONE a modello.

➤ La Colomba: per la bellezza dei sentimenti. (corrisponde alla bellezza morale). Avrà il compito di notare e richiamare l'attenzione di tutti su quello che di bello avviene nella classe. (es. le gentilezze) Quelli del pavone e della colomba sono ruoli più adatti a bambini più grandicelli, tra gli otto e i nove anni, nella terza, quarta classe. È vero però che i bambini dimostrano con sempre maggiore frequenza una capacità di maturazione cognitiva ed emozionale sorprendenti, per cui in alcuni casi si possono utilizzare questi simboli anche nella classe seconda. Ogni mattina le funzioni vengono assegnate ciascuna a cinque bambini, seguendo l'ordine effettivo in elenco e registrando l'assegnazione su una tabella appositamente predisposta (a doppia entrata). Ogni bambino ha quindi la possibilità, per il meccanismo di rotazione continua, di sperimentare tutte le funzioni e tutti i ruoli differenti; alla maestra/al maestro spetta il compito di fare vivere ogni ruolo come sempre preminente e con una forte connotazione di gratificazione. È importante che ogni bambino e bambina ne ricavi uno stimolo e una motivazione per identificarsi ogni volta nel ruolo diverso che gli verrà assegnato. Attraverso i meccanismi di identificazione e di adeguamento alle aspettative, ci si può aspettare che questo aiuti tutti i bambini, ogni bambino e bambina a trovare un proprio "spazio", il proprio ruolo effettivo, all'interno del gruppo dei compagni. Questo vale soprattutto per quelli con maggiori problemi di timidezza, di introversione, di inibizione, quelli che "debbono sempre stare al centro dell'attenzione", e quelli facili vittime di una identificazione nell'"eroe negativo". Dal momento che tutto è a rotazione, si elimina la tradizionale "scelta" dei bambini che si offrono regolarmente e chiedono di poter fare qualcosa (e quindi di avere dei compiti assegnati di aiuto e di supporto; magari non sanno bene cosa fanno o perché, ma chiedono di farlo). D'altra parte, si evita agli insegnanti la tendenza a scegliere sempre gli stessi (perché altri non riescono a farsi avanti). Il rischio sempre in agguato è che i bambini "sentano" di subire ingiustizie e discriminazioni, che poi possono diventare tanto facilmente: "Maestra, ma tu a me non mi mandi mai a prendere il gesso..." (La maestra manda solo il suo "cocco", o la sua "cocca"; "la maestra a me non mi guarda mai, la maestra a me non mi vede… allora io non studio più!"). Il ruolo non va inteso come un premio sporadico, così come non deve mai essere tolto sulla base di una punizione. ("Adesso tu smetterai di fare il Falco o il Pavone ecc., perché non lo sai fare o non te lo meriti"). Al contrario, dovranno essere fatti continui e ripetuti richiami, eventualmente, a come si comporta un bravo falco, una brava formica, ecc. Mai "dimenticare" di assegnare i ruoli ai bambini, mai dire: "Questa mattina lasciamo perdere perché non abbiamo tempo o altro." Nel caso che la dimenticanza ci sia realmente, e saranno immancabilmente i bambini a renderla manifesta la maestra/il maestro può riconoscerla con rammarico e poi, se c'è ancora tempo e modo, procedere all'assegnazione di compiti e ruoli. Il messaggio importante da trasmettere è il seguente: il ruolo è importante e i bambini che incarnano le funzioni del ruolo sono importanti. (Riferimento all'immagine di sé, alla percezione di sé nello spazio, fisico e relazionale; all'autostima). Quindi, a costo di arrivare alla noia, è fondamentale che sia l'insegnante in prima persona ad attribuire importanza a quello che fa e che trasmette ai bambini. Che abbia la consapevolezza di quanto sia importante il suo RUOLO di MODELLO. È direttamente dal suo comportamento che deriverà quanto il bambino imparerà; magari con calma, mettendoci un po' di tempo, ma progressivamente, in percentuale molto alta i bambini, poco alla volta, adeguano il proprio comportamento alle aspettative della maestra/maestro, quasi senza accorgersene, senza quindi introdurre altri meccanismi di difesa, con una motivazione spontanea e diretta. Questo infatti sollecita l'apprendimento tramite l'imitazione e l'identificazione, che sono condizioni psicologiche fondamentali, il cui meccanismo è stato magistralmente evidenziato dalla scoperta del neurone specchio di Rizzolatti. In fin di conti, dalla nascita alla morte, l'apprendimento consiste nell'osservazione, nella comprensione, nell'elaborazione e nell'imitazione. "L'imitazione può definirsi come il tentativo di far corrispondere le proprie azioni al comportamento degli altri attraverso un processo attivo di confronto o di equiparazione del comportamento. Questo sottolinea la funzione sociale dell'imitazione nel mantenere i rapporti interpersonali e l'identità di gruppo. Serve anche a diffondere utilmente le conoscenze acquisite dai singoli individui ad altri gruppi, o da una generazione all'altra" (Dizionario di Psicologia e Psicoanalisi – Harrè, Lamb, Mecacci 2007)

Gli studi sui neuroni specchio danno un solido avallo a questa definizione, e questi concetti sono più che sufficienti per definire la base concettuale su cui poggia il riferimento al "modello" e alla sua utilizzazione a vari livelli. Il primo livello è quello per cui nella stessa classe o nello stesso gruppo di bambini, anche a nostra insaputa si stabiliscono, nella loro relazione, delle modalità di osservazione e di imitazione di comportamenti. Il più delle volte questo viene visto come negativo, viene stroncato o disincentivato perché gli si dà una connotazione negativa. Il secondo livello è quello che riguarda empatia e apprendimento. "L'empatia ovvero sia la capacità di entrare nelle emozione dell'altro, come fossero vestiti: sentire quello che sentono gli altri". Dice Cavaciocchi: "Se noi insegnanti possiamo fare leva sulle capacità empatiche dei nostri allievi, e sulle nostre, per facilitarli nel loro compito di apprendere, possiamo considerare altrettanto seriamente l'altra faccia dell'empatia, quella per cui i nostri allievi molto spesso saranno portati a imitarci anche nelle nostre convinzioni, nei nostri valori, in quello che realmente noi siamo e manifestiamo. Essi si vedranno attraverso i nostri occhi... Una persona che entra a fare parte di un gruppo ha bisogno di essere accettata, e per essere accettata ne deve condividere i valori portanti. Questo comportamento nasce da un fattore biologico: iniziamo con la famiglia, a fare nostro il modello educativo della famiglia non certo per una scelta ragionata e ponderata, quanto per la necessità biologica di fare parte del nostro sistema familiare, poichè quella famiglia ci ha generati, cresciuti, nutriti, accuditi, per cui, a livello profondo è come se il sistema famigliare fosse indiscutibile. È l'istinto di sopravvivenza che ci porta ad adattarci, quello che dai primordi dell'umanità ci ha portati a costituirci in gruppi sociali per poter meglio affrontare le insidie del mondo, perchè il genere umano, se fosse stato costituito da singoli individui e non da gruppi non sarebbe sopravvissuto di certo... Oltretutto nasciamo in un primo gruppo sociale naturale, che è appunto quello della famiglia, per cui noi siamo biologicamente predisposti a stare con gli altri, e per fare ciò rinunciamo ovviamente ad una parte, a qualche parte della nostra individualità. Il nostro problema, diciamo il nostro fulcro di interesse sta nel fatto che quando l'apprendimento non riguarda più la sopravvivenza in sè per sè, quando l'insegnamento fa propri anche certi precetti educativi, ci possiamo porre la questione che riguarda la nostra personale influenza sui singoli e sul gruppo, tenendo ben presente, che ci piaccia o no, che SIAMO DEI LEADER E DETENIAMO UN POTERE." Averne consapevolezza è di straordinaria importanza, anche per concepire l'idea di imparare a utilizzarlo.

RIFLESSIONI

BREVE SOSTA DI RIFLESSIONE

Ora facciamo una sosta "di riflessione. Immaginiamo che, nella nostra scalata sul MONTE, siamo arrivati ad una ridente radura con un bellissimo chalet, tutto in legno". Entriamo; troviamo un accogliente salone con un camino con la fiamma accesa. Pensiamo di doverci preparare a "passare una notte" in questo accogliente rifugio. Una notte che porta "consiglio". La riflessione che vi propongo è questa: a questo punto, con che tipo di insegnante abbiamo a che fare? Ciascuna Persona che sta seguendo questa Formazione, quanto si identifica ancora con l'insegnante della partenza? Vi chiedo di cercare una risposta per le 10 "DOMANDE INTRIGANTI".

1) Quanto state riuscendo a percepirvi come maestra o come maestro e a sentire dentro di voi la spinta a diventare una maestra, un maestro Matrioska?

2) Quali sono le vostre riflessioni e i vostri stati d'animo?

3) Vi sentite pentiti di avere intrapreso questo cammino?

4) Avete dei rimpianti?

5) Vi sentite ottimisti sul fatto che tutte queste "cose strane" potranno mettervi in grado di combattere la tensione e la fretta?

6) Quanto sentite di riuscire a valutare che c'è bisogno di TEMPO, di tanto TEMPO per riuscire a dedicare il giusto SPAZIO ad ogni bambino o bambina?

7) Questo vi spaventa?

8) Quanto vi spaventa?

9) Quanto pensate che riuscirete a tenere a bada l'idea dominante che diventa una vera e propria ossessione: "Oddio, se mi metto a fare tutte queste cose, perdo tempo!". Altra considerazione: "Se mi metto a dare retta a un bambino, a una bambina, che succede al resto della classe? Come faccio?". "Come faccio a spiegare?"

10) Ho voglia di continuare? Vi invito a scrivere le vostre risposte sulla pagina lasciata in bianco. Questo vi aiuterà a visualizzare meglio il vostro "assetto" emotivo e cognitivo a questo punto del vostro impegno e a capire se siete convinti che "ne valga la pena". Sarà interessante andare a rileggerle tra un po' di tempo! Intanto, vi propongo una piccola fantasia. Immaginate che su questa radura verdeggiante e assolata, scenda a poco a poco una nuvola di nebbia, sempre più fitta. Voi sapete che sono i fumi dei tanti dubbi, delle tante perplessità. Ma ecco, all'improvviso vedete fare capolino un personaggio che abbiamo conosciuto da poco. È la protagonista del gioco che abbiamo presentato ai bambini: "la Signora Paura e il Signor coraggio". Ora, straordinariamente, questa Signora Paura si rivolge proprio a voi, gli insegnanti. Ha il viso sorridente e porta una grande borsa su cui è scritta la parola FIDUCIA. Affonda le mani nella borsa e ne estrae tanti zuccherini colorati. Ne distribuisce a piene mani a chiunque ne voglia. A piene mani, perché, in effetti, di FIDUCIA ne serve tanta! Nella vostra immaginazione, voi come vi vedete? Vi vedete allungare le mani per riempirle con questi zuccherini, o rimanete fermi, con un'espressione seria, infastidita, scettica, distaccata? Con questa breve incursione di un flash di fantasia nella concretezza di argomenti tanto importanti, ho voluto, in realtà sottoporvi a un piccolo test. Se l'immagine della "signora Paura" con i suoi zuccherini l'avete accolta con la giusta ironia, l'avete accettata con un sorriso, e avete sentito il dolce dello zucchero in bocca, molto bene! Andate avanti. La vostra disponibilità alla Fiducia sarà ripagata. Se, al contrario, la "signora Paura" vi ha sollecitato una sensazione di fastidio, vi ha irritato e vi siete sentiti addirittura quasi presi in giro in quanto adulti, fermatevi. Siete ancora in tempo per tornare indietro, e riprendere una strada che, probabilmente

vi corrisponde maggiormente. Il Metodo Matrioska deve rappresentare una scelta fatta senza nessuno sforzo, come una barca che non può far altro che abbandonarsi alla corrente, allo scorrere del fiume. È solo così che potrà arrivare al mare. Comunque, è bene sapere che, per affrontare le rapide dei dubbi, inevitabili e sacrosanti, possiamo utilizzare l'ADAGIO, come un comodo zatterone su cui salire, avendo Fiducia, in primo luogo, nel "nocchiero" che lo "conduce". Infatti, partire dai bambini significa anche, spesso, sapere abbandonare "la concretezza, la razionalità", per entrare nel mondo reale dei bambini. Conoscere la vera realtà di quello che succede in classe; e che i bambini vivono prevalentemente immersi nel loro mondo di relazioni con gli amichetti, fatto di sentimenti e di emozioni, di cui è imprescindibile occuparsi. La tristezza di Valentina che voleva stare accanto a Giulia, ma la maestra ha deciso diversamente; l'invidia di Giuseppe che ha visto Andrea con un astuccio più bello del suo; la rabbia di Paolo che non riesce a fare il disegno come vuole lui o bello come quello di Sofia; la rabbia di Antonello verso Leonardo che gli ha preso la gomma e non gliela vuole restituire; la paura di Martina che sa di non sapere leggere e si sente tanto diversa dagli altri che sono più bravi di lei; la gelosia di Elisa perché la maestra ha messo 10 sul quaderno di Alice e a lei no, e tanti altri. Quello che succede nella "zona maestra/maestro" e cioè quello che l'insegnante propone è spesso un fastidio rispetto alle cose "molto più importanti" (secondo il loro punto di vista) che i bambini stanno vivendo, e spesso interferisce con la loro disponibilità all'ascolto, all'attenzione e ad aprirsi per imparare. È molto importante saperlo e tenerlo presente. Inoltre, dal momento che nella classe Matrioska gli insegnanti procedono "per obiettivi", tra questi c'è sicuramente quello di riuscire a stabilire una maggiore o buona "armonizzazione degli strumenti" con una soddisfacente possibilità di controllo della classe. Tutte ottime premesse per arrivare ad ottenere una disciplina non imposta, ma costruita e partecipata. E siccome è vero che i bambini imparano ciò che vivono, imparano, progressivamente a conoscere, a dare importanza, quindi, a rispettare le regole, perché vengono trasmesse con una modalità che ha sempre un senso e un significato; in un modo piacevole, divertente, soprattutto gratificante (con il "guadagno" delle stelline per il comportamento, dei "cuoricini" per le gentilezze). Non solo, ma con un altro più grande guadagno: quello di un "sentimento di gioia". E questo non sulla base di un buonismo assolutamente improduttivo, ma con un riferimento utile e preciso ai recenti risultati sperimentali secondo cui certi comportamenti di connotazione "sociale" o "morale" attivano nel cervello la stessa area che produce la sensazione del piacere. Così sono gli stessi bambini che diventano i paladini di quello che, in altri momenti, in altre circostanze, contrastano.

IL CAMBIAMENTO DELL'ORGANIZZAZIONE DELLA CLASSE.

Riprendiamo la nostra scalata. È ancora più invogliante sapere che alla vetta arriveremo, anche se non tutti come alla partenza, con la possibilità di guardarci negli occhi e di potere "stare vicini" e di toccarci senza disagio, come succede a chi, in un rifugio di alta montagna condivide con un gruppo di persone, alla partenza sconosciute, una stessa panca, intorno ad un tavolo con piatti di polenta fumante. Tutto quello che si è condiviso durante la giornata, la fatica, momenti di ansia, momenti di eccitazione per passaggi particolarmente impegnativi, la borraccia con il caffè bollente, la gioia di fronte a panorami meravigliosi, ed ora, anche la stanchezza, tanta stanchezza, ... crea un senso d'intimità nuovo, inaspettato, che scalda i cuori come la polenta scalda il corpo. Condividere il lavoro nelle classi può spesso somigliare all'ardua impresa di una scalata. Sentirsi vicini tra colleghi può essere di grande aiuto!   Il grande GIOCO dei GALEONI. Perché i GALEONI Partiamo dal convincimento che tanti bambini, nel primo periodo di scuola, condividano un sentimento di disagio e di piccola sofferenza; questi stati d'animo sono prevalentemente legati a un problema di separazione. Il passaggio dalla scuola materna alla scuola primaria molto spesso è vissuto dai bambini come uno strappo. Nel giro di due-tre mesi, si pretende che essi compiano un salto di maturazione artificioso. Abbiamo la pretesa che da luglio a settembre i bambini debbano dimostrarsi pronti a passare dalla scuola dell'infanzaia alla primaria, ad adattarsi a "regole di vita" e di comportamento, a richieste e aspettative sul cognitivo e di tipo didattico in maniera automatica, con una preparazione spesso insufficiente, senza le "informazioni" di base soprattutto per gli aspetti emotivi. Tanti ce la fanno. Tanti fanno più fatica. Soprattutto pensando allo strappo dalla relazione, spesso particolarmente forte in termini affettivi, con le maestre della scuola dell'Infanzia. Ma anche separarsi dalla mamma, dal papà torna ad essere impegnativo, faticoso per le emozioni di tanti bambini.

PENSIERI

Il modo ideale per scavalcare tanti problemi è quello di fare partire i bambini con i GALEONI. Intraprendere un viaggio per mare comporta una preparazione: predisporre le mappe, conoscere i territori, i tempi, le condizioni del mare, le previsioni atmosferiche... La maestra/il maestro deve tenere presente che uno dei più significativi aspetti di difficoltà per un bambino, per una bambina che entra in prima classe è la separazione. Sta affrontando un cambiamento radicale nel passaggio dalla scuola materna alla primaria, ed è solo/a. La mamma non c'è, la vecchia maestra non c'è. La sua preoccupazione è: cosa succederà ora con tutti questi sconosciuti, in questo spazio diverso, senza sapere quando, come e perché avvengono certe cose. "Ora chissà dove mi sbattono!" è stato il pensiero ansioso espresso da Stefano, alla fine dell'anno scolastico di materna. E pensare che Stefano è un bambino molto ben tutelato e protetto rispetto a tutte le "necessità" psicologiche di questo momento. Eppure...! Noi adulti siamo portati a dare per scontato che un bambino di sei anni sia pronto ad affrontare tutto senza problemi. Non è così. Non è così in generale, ma poi c'è un altro fatto: il bambino tanto evoluto come cervello, spesso è molto immaturo da un punto di vista emotivo. È proprio il bambino, o la bambina "tanto intelligente", che potrebbe mettersi a piangere a un certo momento della mattinata. Non regge più la tensione. Vive quindi una situazione di forte stress e di ansia. Oppure, potrebbe manifestare dei comportamenti più infantili, apparentemente inspiegabili, ma che invece nascondono una necessità di regressione.

AZIONI

La maestra/il maestro Matrioska annuncia: "Bambini, adesso c'è una bella sorpresa per voi! Adesso giochiamo ai galeoni dei pirati. Preparatevi...! Dobbiamo costruire i galeoni!". Ecco che il cuore dei bambini si spalanca. Un gran peso cade. Sui loro visi si disegna un sorriso disteso, che illumina gli occhi. Sì, giocare lo sanno fare molto bene! Anche soltanto la parola "giochiamo" penetra nei loro cuori come un raggio di sole. "Vi spiego come dovete fare. A gruppetti andrete nell'angolo dei travestimenti. Nella cesta (preparata il giorno prima dalle maestre) potrete scegliere una bella bandana, o un cappello. O un cinturone. Ci sono anche dei gilet. Per le bambine ci sono dei bei teli colorati che possono funzionare come delle belle gonne lunghe. Potete scegliere quello che vi piace. Mi raccomando; con calma... e senza litigare. Ce n'è per tutti". E qui l'emozione dei bambini arriva alle stelle! Stupore, eccitazione, gioia si sostituiscono a timore, tristezza, rimpianto, paura. Maestra/maestro: "Dobbiamo costruire dei bei galeoni e poi li dobbiamo caricare con tutto quello che ci serve. Dovete sapere che dobbiamo fare un viaggio molto lungo, che durerà fino alla fine dell'anno. Andiamo alla ricerca di un Tesoro bellissimo che si chiama CONOSCENZA". Con l'aiuto dei bambini, i banchi vengono raggruppati a formare diversi "galeoni dei pirati"; le sedie, se non sono previste o non servono per l'organizzazione che la maestra o il maestro vuole dare al GIOCO, impilate, in un angolo in fondo alla stanza, possono rappresentare l'isola a cui approdare. I banchi saranno disposti in modo da accogliere quattro bambini. La cattedra potrà essere addossata a una parete, e servirà solo per appoggiare la borsa degli insegnanti; oppure verrà utilizzata nei momenti in cui l'insegnante dovrà scrivere qualcosa. Con questa disposizione ad isole, gli insegnanti avranno modo di muoversi più liberamente, e di dedicare più attenzione ai gruppi dei bambini.

UNA GIORNATA DI SCUOLA

di MARIA ROSALBA MANCINELLI

L'attività in classe per me inizia con anticipo rispetto al suono della campanella che invita i bambini a entrare in classe. Arrivo a scuola sempre almeno venti minuti prima; ho necessità di "riassestarmi" per poter impugnare la "bacchetta del direttore d'orchestra" con la calma e la serenità necessarie e che a volte vengono messe a dura prova dal traffico intenso della città e dalla difficoltà di trovare parcheggio. Utilizzo quel poco di tempo da sola per "ritrovare me stessa", per allontanare tutto ciò che è al di fuori e che può influenzare negativamente la giornata. Via l'ansia di pianificare tutto ancor prima di vedere i bambini. Mi concentro su me stessa, accendo dentro la mia mente quel grammofono a cui mi sento ormai profondamente legata, con la musica dell'Adagio di Albinoni, e "presto attenzione" perché ne riconosco "l'importanza", a che tutto sia predisposto, in ordine, accogliente, bello... Attendo poi l'ingresso di ciascun bambino, di ciascuna bambina sulla porta: li accolgo con un sorriso, una carezza, una parola "speciale"; sistemando il colletto del grembiule, una ciocca di capelli ribelle da una coda di cavallo... un piccolo gesto per ciascuno di loro. In tanti anni di scuola mai nessun bambino o bambina è arrivato/a in ritardo, quasi che quell'appuntamento rivestisse per ciascuno e ciascuna un momento importante e imperdibile: per augurarci vicendevolmente "buona giornata" con un rito che era diventato irrinunciabile. Fin dai primi anni di insegnamento, ho sempre avvertito la necessità di organizzare la mattinata in maniera tranquilla e serena; ho quindi abbracciato con entusiasmo la possibilità che mi veniva offerta dal Metodo Matrioska di colmare quella mia esigenza con una strutturazione particolare delle ore di scuola, secondo "IL RITMO del TEMPO". Il susseguirsi delle attività e delle ore vengono pianificate secondo momenti scanditi, ritmati, ritualizzati, ogni giorno uguali, pur nella varietà degli argomenti affrontati. I tempi ritmati hanno lo scopo di rassicurare i bambini, tranquillizzano la loro ansia e così ritrovano la serenità; d'altro canto, i riferimenti precisi e costanti avvantaggiano anche noi insegnanti: sapere che c'è una "strada" da percorrere, sia pure con qualche ostacolo, sicuramente aiuta a riprenderci da un eventuale smarrimento e a evitare la confusione. Il primo momento "È BELLO RITROVARSI" è il tempo in cui ci si saluta, si canta una canzoncina, vengono attribuiti i ruoli a ciascuno, per quella giornata e distribuiti i simboli. Occorre tanta attenzione, perché i ruoli vengono assegnati in ordine alfabetico e registrati sul Tabellone apposito. Ogni bambino e ogni bambina è importante che abbia la possibilità di sperimentare tutti i differenti ruoli: ne riceverà infatti uno stimolo e una gratificazione; imparerà e capirà che tutte le funzioni sono importanti e verrà avviato sulla strada che lo porterà ad "assumersi la responsabilità". Successivamente è il tempo del "LO SAI CHE... RACCONTIAMOCI". Questo corrisponde al grandissimo desiderio e al grandissimo bisogno che hanno i bambini di raccontare le proprie esperienze, il proprio vissuto. Con questo GIOCO sanno che ciascuno può parlare, non solo, ma ha soprattutto il suo spazio di ASCOLTO: verrà ASCOLTATO. A questo punto devo sottolineare che quello che mi ha fatto appassionare al Metodo Matrioska è la duplice valenza per tutte le sue proposte: anche in questo caso la valenza educativa e la valenza didattica coesistono e danno dei frutti straordinari. Infatti, oltre a corrispondere a bisogni collegati alla parte emotiva dei bambini, li educa al rispetto reciproco, a sapere aspettare il proprio turno per parlare, a quando viene passato il "microfono", ad ascoltarsi reciprocamente pazientando prima di intervenire. Condividendo esperienze e fatti, si accorgono che quello che il pensiero o l'emozione che pensavano fossero solo propri, diventano più facili da accettare perché constatano che sono esperienze che possono capitare a tutti e che non fanno sentire soli e pieni di paura (es. la separazione di mamma e papà... la morte di un nonno... il gatto tanto amato che è scappato e non si trova più...). Ma ancora è un modo utilissimo per avviare i bambini ad imparare a esporre i propri pensieri e le proprie emozioni, ed è prezioso anche per le esposizioni di argomenti più complessi, quando dovranno esporre argomenti di studio. Ho sempre aiutato i bambini e le bambine a trovare la parola più giusta, o a costruire la frase in modo più chiaro, ma con dolcezza e senza interferire con l'immediatezza del loro racconto spontaneo: comunque, in questo modo tutti accettano di buon grado la correzione e IMPARANO. E di nuovo qui si aprono le Matrioske: imparano contemporaneamente per la loro vita interiore, per la loro vita sociale; e ancora, imparano ad ampliare il vocabolario, ad articolare meglio i loro pensieri il che è una conquista didattica di estrema importanza. Arriva il momento del: "ALLACCIAMO LE CINTURE". è il tempo specifico per l'apprendimento didattico. Dopo una breve spiegazione per presentare l'argomento, tentando di organizzare nel modo più piacevole e interessante ogni materia, assegno il momento di riflessione personale, graduato secondo la classe frequentata e all'età dei bambini. Qualche bambino o qualche bambina subito afferma che è tutto troppo difficile, e sicuramente per lui /lei lo è. Ma il GIOCO PSICHED "LA SIGNORA PAURA e il SIGNOR CORAGGIO" mi aiuta a superare brillantemente questo "intoppo" che, se trascurato, può *diventare un vero problema. (vedi pag.86). Ogni volta che serve farlo, li sollecito a ricordare, che, se si ha "paura del compito", si può chiamare il Signor Coraggio; lui arriva e aiuta ad affrontare ogni cosa. E a superare ogni ostacolo. E così loro possono provare la gioia di "sentirsi BRAVI!" Questo è il tempo per chiedere a tutti l'impegno e l'attenzione, di parlare sottovoce, o rispettare il silenzio. Per ottenere tutto questo senza strilli, ramanzine o nervosismi, so che posso ricorrere al GIOCO "IL MARE del SILENZIO", (vedi pag.88) che ai bambini piace molto e li sollecita con la giusta motivazione. I bambini sanno pure che il RITMO del TEMPO assegna loro 10 minuti in cui riflettere, provare a comprendere la richiesta e tentare di trovare una soluzione. Trascorsi i dieci minuti, chi si trova ancora in difficoltà, può chiedere tranquillamente l'aiuto di un compagno o dell'insegnante, ma senza doversi sentire a disagio nei confronti dei compagni, perché "può capitare a tutti". Ho ancora un piacevole ricordo di quel tempo in cui il parlare sottovoce, la vicinanza tra i bambini diventava operosità, rispetto, collaborazione. Un brusio carico di emozionata ed emozionante creatività. Il suono della campanella interrompe l'attività; è il tempo della merenda! e poi, del gioco. Anche al momento della merenda bisogna "prestare attenzione e dare importanza". È un momento di educazione alimentare e di educazione in generale che fa parte della FORMAZIONE DELL'INDIVIDUO che a noi interessa. Ai genitori dei bambini viene chiesto di organizzare un sacchetto con una tovaglietta, la merenda, la bibita e un tovagliolo (scottex). I bambini apparecchiano sul banco e mangiano stando seduti, senza fretta, senza agitazione, con calma e tranquillità. Terminata la merenda, se il tempo è bello, si può uscire nel giardino per organizzare qualche gioco, per scambiare le figurine, per raccontare i propri segreti all'amica del cuore. Poi si torna in classe. È il momento* dello *"SPAZIO CONQUISTE"*. *Si riprende con le stesse modalità: tranquillità, gradualità, motivazione; con l'intenzione di sollecitare l'interesse dei bambini anche con un po' di arte teatrale, o di sorpresa, o di "magia"; sappiamo quanto siano catturati dalle "piccole, semplici magie", ad esempio dalla "borsa speciale" della maestra, dove anche una fotocopia di un brano da leggere suscita curiosità. E quindi, perché non utilizzare questi piccoli segreti che derivano dalla conoscenza dei bambini che possono esere utili e preziosi anche per l'apprendimento a scuola? A seguire, ci si organizza per il tempo del: "VOLO CON LA FANTASIA". È il tempo dedicato alla creatività, libero, in cui i bambini possono cimentarsi in varie attività in base alle loro preferenze e alle capacità di ciascuno; scrittura, lettura, disegno, pittura... da soli o in piccoli gruppi. Nella seconda parte della giornata scolastica, a partire dalla seconda classe, c'è il momento in cui si attiva il GIOCO "LA PIUMA del PAVONE" (vedi pag. 89). I bambini hanno l'opportunità di approfondire un argomento e di presentarlo ai compagni. Questa opportunità che molti di loro accettano con entusiasmo per una spontanea inclinazione per lo soprire cose nuove e per un innato amore per la conoscenza corrisponde perfettamente al GIOCO "LA PIUMA del PAVONE. Quando non c'è la paura del giudizio, o del brutto voto, i bambini si lasciano catturare dalla curiosità di scoprire notizie nuove che non si trovano sui libri di scuola e che neppure la maestra racconta, perché a volte il tempo è tiranno e perché è didatticamente importante "gettare un piccolo seme" che ognuno, in base alla propria curiosità, inclinazione e interesse può ampliare e far diventare una pianta ricca di rami e frutti. I bambini quindi mi dichiarano la volontà di esporre in classe, di fronte a tutti i compagni e alle maestre, un argomento a cui si sono dedicati con attenzione e con interesse. Stabiliamo la data e, nel giorno prefissato siamo tutti ansiosi di ascoltare l'esposizione. È un momento molto delicato, perché l'esposizione potrebbe essere brillante o insufficiente. Ma posso dire che la maggior parte dei bambini ha sempre messo tanto impegno e ha, il più delle volte, superato la prova e conquistato la PIUMA. Quando un bambino, una bambina supera la prova c'è un'atmosfera di grande soddisfazione e gioia, per cui l'ambito simbolo viene appoggiato sul banco fino all'uscita da scuola. Nel caso in cui l'esposizione sia insufficiente, diventa fondamentale prestare molta attenzione sia al bambino "relatore", sia ai bambini "valutatori". Attenzione soprattutto a evitare la mortificazione e dare fortemente l'idea che c'è subito un'altra occasione per riprovare, infondendo fiducia che la prossima volta andrà bene. A volte si potrebbe pensare di voler premiare l'impegno, ma è necessario indicare con chiarezza se l'obiettivo dello "studio" e dell'approfondimento è stato raggiunto. Io ho sempre guidato i bambini nella valutazione e li ho invitati a riflettere sulla loro preparazione, a valutare se si sono organizzati al meglio, tanto da sapere, loro per primi se davvero hanno meritato la piuma, o se non sia il caso di cambiare qualcosa o fare di più. Li incoraggio anche a indicare come potrebbero fare. Sempre puntando sull'obiettivo che loro possano raggiungere una maggiore soddisfazione e gratificazione. Ci avviciniamo alla conclusione della giornata e "la colomba" (vedi pag. 89-90) ci mostra cosa di bello è accaduto nella giornata. Io tengo sempre presente che "le stelline e i cuoricini" sono stati assegnati a ciascuno in base alle conquiste sul comportamento e sulla gentilezza. Ho sempre abbondato con le stelline, perché ogni stellina è l'occasione per far nascere nei bambini la motivazione autentica e sentita per il rispetto delle regole; i bambini comprendono che da loro dipende conquistarla e scoprono, ogni volta, che questa* conquista corrisponde a una grande soddisfazione e contentezza; provano la gioia di sentirsi lodati dalla maestra e di ottenere l'ammirazione dei compagni. I cuoricini sono stati lo strumento per infodere nei bambini il valore della gentilezza e, come effetto di ampliamento hanno anche favorito lo spirito di collaborazione tra di loro, in un tempo in cui sembra che la cattiveria e l'egoismo abbiano la meglio. All'avvicinarsi della conclusione della giornata le formiche (vedi pag.89.) distribuiscono le giacche, mentre quei bambini che hanno ricevuto i cartoncini con i ruoli, li riconsegnano alla maestra. Ci avviamo verso l'uscita. Il momento della fila per uscire è delicato: ognuno vuole scegliere il compagno o la compagna o l'amichetta o l'amichetto del cuore; ma si rischia di lasciare in solitudine sempre gli stessi bambini, i "non scelti". Per evitare questa situazione negativa, ogni giorno faccio uscire i bambini facendo "scorrere" una parte della fila, così, a turno, tutti escono insieme. Anche questa è una strategia per sollecitare i bambini a fare amicizia e per rinforzare la disponibilità all'"accettazione dell'altro" e alla condivisione. Un grande sorriso, un saluto affettuoso: "Buon pomeriggio, bambini. A domani."

ZOOM E LENTE D'INGRANDIMENTO

PENSIERI

Al di là di quello che appare, dietro alla rappresentazione del "GIOCO dei GALEONI" ci sono contenuti, motivazioni e intenzioni molto seri. I Galeoni e il partire per un viaggio hanno una profonda valenza simbolica. Con i Galeoni i bambini diventano i protagonisti del viaggio. Si allontanano dalla "madre terra" e sono loro i protagonisti di questo allontanamento, sono loro che lo vogliono, lo accettano con curiosità, su cui possono costruire aspettative. Il "viaggio dei GALEONI", in primo luogo permette ai bambini di rielaborare l'angoscia di separazione direttamente, in una situazione di pseudo-realtà. Significa mettere i bambini in un assetto per cui sono loro, direttamente che capovolgono la situazione: agiscono non soltanto su un piano di fantasia, sono loro i protagonisti, gli attori. È lui bambino/lei bambina che si allontana, che si separa per sua scelta, per sua disposizione; agisce, non subisce l'allontanamento che gli/ le crea tanta sofferenza. Così può calmare quella sgradevole agitazione che sente dentro il suo cuore, senza sapere cosa sia. Mentre, d'altro canto la maestra/il maestro presta attenzione e da importanza alle condizioni del mare interiore dei bambini, al loro stato d'animo, quello che si cela dietro ai loro occhi. Il Gioco dei Galeoni è il primo degli elementi con cui si realizza la PREVENZIONE, l'educazione alle emozioni agita direttamente sui vissuti, in modo da rasserenare l'inquietudine, il timore, la paura, l'ansia, l'eventuale sofferenza che possono determinare mancanza di attenzione, il bisogno di mettersi in mostra e di attirare l'attenzione, quindi creare disturbo, il bisogno di piangere, disturbi nel corpo: il bisogno di andare a fare la pipì, il mal di pancia, le sensazioni di vomito ecc. ecc. Per quanto riguarda l'organizzazione del Metodo Matrioska, siamo all'interno del paragrafo della classe come teatro che permette, tra l'altro di attivare la fantasia, la creatività, la curiosità, e di applicarle direttamente sui contenuti dell'apprendimento cognitivo e didattico.

LA CLASSE IN CUI ANCHE HARRY POTTER VORREBBE STARE

Nutre la mente soltanto ciò che la rallegra. S. Agostino DEDICATO AI GENITORI Cari genitori, anche voi avrete il desiderio di capire e avete il diritto di comprendere. Il modo migliore per farlo è quello di portarvi a vivere un'esperienza particolare, magica. Vi voglio accompagnare fino davanti alla porta tutta colorata dietro alla quale c'è la classe di vostro figlio o di vostra figlia. Sembra il coperchio di un forziere del tesoro. Prima di entrare, immaginate di indossare degli occhiali 3D per la visione virtuale. Apriamo la porta. Scommetto che rimarrete sbalorditi! I bambini stanno giocando... ai pirati! Alcuni hanno delle bandane, altri delle cinture. Le bambine hanno dei teli stretti in vita a mò di gonne lunghe e variopinte. In un angolo della stanza è ben visibile una grande cesta da cui i bambini hanno tirato fuori quanto occorre per i travestimenti. "Quindi i bambini stanno giocando... ma come... ... a scuola?" pensate voi. "Giocando? Invece di scrivere, invece di guardare il libro? Invece di stare alla lavagna a fare le operazioni?" Guardate con aria interrogativa la maestra/il maestro. Questi dichiarano: "Benvenuti! Sì... qui si gioca ai GALEONI dei PIRATI! Accomodatevi". Sono tranquilli, sorridenti. Danno l'idea di sapere quello che stanno facendo. Ma, guardiamo meglio: mentre giocano a veleggiare alla ricerca del Tesoro, la maestra/il maestro racconta/spiega elementi di geografia, di scienze, di italiano, di matematinca, di storia... etc.; domani potranno esserci altri elementi, magari di astronomia, e di economia e perché no, anche di fisica. La connessione ci permette di comprendere che tutto quello che viene mostrato, presentato ai bambini è fare scienze, è fare biologia, è fare geografia, è fare italiano, è fare matematica e tanto altro. Tutto dipende dall'insegnante. Negli stessi momenti la maestra/il maestro dà indicazioni sul comportamento corretto nelle diverse circostanze; su come è bello rispettare gli altri e guadagnarsi il rispetto dei compagni. Premia i comportamenti corretti con delle stelline, e i gesti di gentilezza con dei cuoricini che disegna o (nel caso di sticker) attacca sul CARTELLONE predisposto. Organizza momenti in cui i bambini possono cantare, danzare, disegnare, costruire, secondo un copione che ogni volta la maestra/la maestra crea, "inventa" con la partecipazione dei bambini, sulla base di un suo filo rosso (magari secondo un suo particolare PROGRAMMA) e tanto, tanto altro. Quindi, anche qui i bambini scrivono, ma le letterine sono dei "segni magici" che servono per costruire un codice per interpretare la "mappa del tesoro"; vanno alla lavagna a fare le operazioni che servono per tenere il conto delle Stelline e dei Cuoricini conquistati. Il tutto seguendo un copione definito, una "storia" inventata di cui seguire l'intreccio. L'hanno inventata loro, loro hanno scritto il copione, (in prima, lo hanno dettato alla mestra che lo ha trascritto), loro hanno attribuito i ruoli: e ora la stanno realizzando. Con una motivazione sentita, viva, pulsante, condivisa da tutti. Le vicende che il copione racconta, in un certo momento, sarà la rappresentazione di un argomento di storia; potrebbero rappresentare le vicende di Marco Polo e il suo arrivo in Cina, o un viaggio temerario degli antichi vichinghi per i mari del Nord. Con riferimenti alla geografia, alle scienze, e l'introduzione di frasi in lingua inglese. La maestra /il maestro scrive sulla lavagna le parole più significative e i bambini imparano a riconoscerle. Mentre sono impegnati ad attivare gli aspetti cognitivi della "Conoscenza", imparano a realizzare il "principio dell'Aiuto" in un modo spontaneo e diretto. La distribuzione dei ruoli coinvolge tutti i bambini; lo Skipper, il Nostromo, l'Addetto alla Cambusa, il Mozzo, il "guaritore o la guaritrice di bordo" sono sempre organizzati a rotazione secondo l'ordine alfabetico, in modo che tutti possano sperimentare le diverse funzioni, tutte ugualmente importanti per permettere al galeone di veleggiare in un mare tranquillo e di permettere ai bambini di scoprirsi necessari in maniera reciproca gli uni per gli altri. È il caso di prendere molto sul serio le parole di Galimberti, e dare rilevanza alla comprensione di cui è capace il nostro sentimento. Su una parete c'è un grande cartellone "IL RITMO del TEMPO".

 Il TABELLONE delle Stelline e dei Cuoricini spicca su un'altra parete dell'aula; è tutto variopinto, pieno di stelline e di cuoricini. È quello che permette ai bambini di controllare i propri progressi e avanzamenti, i propri successi sulle "stradine delle felicità".

Cari genitori, automaticamente e spontaneamente il vostro sguardo va alla ricerca del nome del vostro bambino o bambina, e vi rassicurate nel vedere che ad esso corrispondono tante stelline e tanti cuoricini. Anche voi vi sentite gratificati. Senza sapere perché. Un altro CARTELLONE riporta le immagini delle REGOLE. I bambini sono impegnati; tutti sono impegnati. Tutti hanno un compito e lo svolgono con attenzione e serietà. Ma c'è una generale atmosfera di operosità, di armonia, di serenità. Tanti, quasi tutti i bambini hanno un sorriso stampato sul viso. Cari genitori, abbandonate per un po' la vostra pretesa di sapere tutto; mettete a tacere le vostre ansie e lasciatevi andare. Partite anche voi per questo meraviglioso viaggio, appassionandovi. Appassionandovi, capirete di più, e comprenderete di più. Ora toglietevi pure, idealmente, quegli occhiali e tornate alla "vostra" realtà. E poi, a casa, chiedete ai bambini cosa hanno imparato quella mattina. Predisponetevi all'ascolto senza aspettative predefinite e preconcette.

Probabilmente la risposta non sarà come "dovrebbe essere". Non avrà scritto sul quaderno le letterine, e non avrà imparato la tabellina del 2; ma potrebbe raccontarvi qualcosa che anche per voi potrà rappresentare un "apprendimento" nuovo. Come si legge una bussola, ad esempio, o il nome delle stelle accanto alla stella polare. State tranquilli e adattatevi ad una grande novità. Qui non c'è il programma annuale, così come voi siete abituati a concepirlo. Qui il programma lo crea la maestra/il maestro, giorno per giorno, sulla base delle indicazioni generali stabilite per le varie classi. Ma il programma vero verrà strutturato alla fine dell'anno e riporterà tutti gli apprendimenti effettivamente raggiunti dai bambini. E in effetti, sappiate, che con il Metodo Matrioska, non si toglie nulla alla didattica, anzi la si potenzia e la si qualifica ancora meglio; non si toglie nulla alla professionalità degli insegnanti, anzi la si istituisce con maggiore definizione e qualificazione; non si toglie nulla ai bambini... anzi, si attivano curiosità, fantasia, creatività, immaginazione, disponibilità a imparare e a dimostrare quello che si è imparato; si attiva piacere, allegria, divertimento, gioia nell'imparare! Non solo nei bambini. La stessa cosa si attiva anche nei maestri, che non si sentono sminuiti nel perdere la pomposa definizione di "docente", ed entrano volentieri in questo mondo fantastico in cui anche per loro c'è tutto da scoprire e nulla di scontato. Più avanti, in un altro momento dell'anno, i vostri bambini vi potranno raccontare che i GALEONI sono approdati su un'isola con un bellissimo castello. Vi racconteranno di essere entrato/a nella STANZA DEL CASTELLO, quella costruita all'inizio dell'anno, e avranno fatto la conoscenza con il "mago o la maga della Conoscenza". I bambini saranno seduti su un caldo tappeto, intorno al camino di cartone che hanno costruito nei primi giorni di scuola; c'è un bel fuoco che arde: lo hanno disegnato su un cartoncino, ritagliato, dipinto e addossato alla parete. Potranno fantasticare mentre ascolteranno la lettura di favole o di altri racconti. Sempre in questa stanza bellissima avverranno tante magie: come imparare a leggere, imparare a giocare con i numeri, imparare a farsi degli amici. Impareranno tante cose su tanti argomenti diversi, sugli uomini che hanno vissuto prima di loro, sugli animali, sulla terra, sull'universo, sul mondo, e tanto e tanto ancora! In questo modo i bambini vivono la magia dell'imparare, immersi in ambientazioni che riproducono luoghi per loro altamente significativi da cui ricavano una forte stimolazione sensoriale ed emotiva. Come raccontava un bambino: "maestra, ti ricordi? L'anno scorso tu ci leggevi le storie mentre noi stavamo seduti intorno al camino con il fuoco acceso. Faceva tanto caldo!" Ecco quindi che si sollecitano motivazione, curiosità, interesse, coinvolgimento, collaborazione, condivisione. E non importa che loro sappiano che stanno "facendo" italiano, matematica o geografia; l'importante è che godano di quello che stanno imparando. È a noi adulti che importa sapere che tutte le ambientazioni simboliche, studiate e mai improvvisate, corrispondono in realtà, a un approccio didattico-educativo assolutamente nuovo, originale e innovativo: la psicologia didattica. Il teatro diventa parte integrante della vita scolastica di tutti i giorni: la fantasia si materializza; anche le favole diventano strumento didattico. Argomenti didattici vengono proposti zigzagando tra diversi "Giochi Psicoeducativi", bene organizzati e strutturati, dai titoli esplicativi: "La nonna racconta", "La Signora Paura e il Signor Coraggio", Il "Delfino e il Cavalluccio di Mare", "I braccialetti dell'amicizia", "La catena della Gentilezza", " Le Storie di Cuore". Tutti PERCORSI SIMBOLICI ideati per guidarli nella crescita emotiva, sociale, relazionale, etica; per non lasciarli soli nella costruzione della loro personalità. Tutto questo deve rendere l'esperienza della scuola una bella avventura. Tutto deve essere comprensibile, deve avere per loro un significato, un senso. Per TUTTI. Così è facile introdurre tanti discorsi, tanti concetti, anche complessi e renderli accessibili alla loro comprensione. E ancora: non è necessario che loro sappiano pure che noi adulti stiamo facendo qualcosa di molto importante e affascinante. Stiamo organizzando una bella, bellissima, entusiasmante azione di PREVENZIONE PRIMARIA sul variegato, complesso problema del "disagio in età scolare"; sulle "difficoltà di apprendimento"; sul "bullismo"; sull"'abbandono scolastico". Su tutto quello che affligge loro, in primo luogo, ma anche gli insegnanti, i genitori e anche la società. Inoltre, l'inclusione si concretizza spontaneamente nella prassi quotidiana dello svolgimento didattico. La maestra Matrioska si occupa, infatti, di tutti i bambini, capovolge il punto di partenza consueto: non parte dalla necessità di individuare le varie categorie in cui inserire i bambini, dalla differenziazione quindi, ma si dedica al potenziamento e alla valorizzazione delle dotazioni, dei talenti di OGNI bambino, di OGNI bambina, senza alcuna etichetta, senza alcuna categorizzazione. Non c'è quindi nessuna necessità di prevedere interventi "specifici" o progetti particolari da affiancare o peggio sovrapporre alla normale conduzione didattica. L'insegnante di sostegno è una co-conduttrice del gioco dell'imparare e condivide responsabilità e impegno verso i bambini di tutta la classe. Cari genitori, siete proprio sicuri che sia giusto rimpiangere il "lavoro sul quaderno" per i vostri bambini?

LO STACCO TRA UN ARGOMENTO E UN ALTRO

PENSIERI

È cosa sana e giusta creare uno stacco fisico e mentale nel momento in cui cambiano le ore, le materie o gli argomenti e gli insegnanti. Dedicare anche solo pochi minuti a far fare qualche semplicissimo esercizio con le braccia e con le gambe, per permettere ai bambini di alzarsi, sgranchirsi, divertirsi con il movimento, recuperare una sensazione del proprio corpo. È utile anche per distogliere l'attenzione dei bambini dalla paura della separazione dall'insegnante che è appena andata via, e dall'ansia dell'incontro con l'insegnante nuova/o. Sappiamo, ed è scientificamente certo, che l'attenzione dei bambini ha una durata di dieci, quindici minuti circa. Pensare di tenerli concentrati su una materia per quasi tutta un'ora e poi continuare a pretendere attenzione e concentrazione su un'altra materia e ancora e ancora per tutta la mattina è addirittura una follia. Ma è così che succede. È conseguente che incomincino a distrarsi, a creare disturbo, a innervosirsi e così facendo incomincino ad appesantire le spiegazioni degli insegnanti obbligandoli a richiami e a rimbrotti. Lo sperato guadagno sul piano cognitivo e della didattica è così minimo o addirittura vanificato. Non mi stancherò mai di ripetere la raccomandazione a prestare attenzione e dare importanza prima che all'argomento o alla materia, ai bambini e ai loro bisogni emotivi.

PRIMA LEGGERE, POI SCRIVERE

*Imparare È Un'esperienza, Tutto Il Resto
È Informazione. Albert Einstein*

PENSIERI

Leggere, scrivere e far di conto. Questo è stato il ritornello di pressoché tutti gli insegnanti per tutto il secolo scorso. Oggi dovremmo, eventualmente, cambiarlo; infatti, è diventato piuttosto: scrivere, leggere e far di conto. La scrittura ha di gran lunga soppiantato l'importanza della lettura. Una delle motivazioni è probabilmente l'ossessiva attenzione dei genitori attribuita al numero dei quaderni che i bambini riempiono. Quanto più è alto il numero, tanto più questo tranquillizza la loro ansia che gli insegnanti stiano facendo lavorare i loro figli nella maniera opportuna. I bambini debbono produrre e a nessuno importa di quello che succede realmente nelle classi, di come tanti di loro si comportino. Il concetto disciplina non esiste, anche se, al contrario, esiste il problema dei tanti comportamenti inadeguati. Quindi fare scrivere è anche una strategia che tiene bloccati i bambini. Li tiene fermi. Di tutto il resto non importa niente a nessuno. Intanto il tempo passa, per un po' si riuscirà a tenerli buoni; la cosa scritta c'è, il lavoro si vede, il quaderno ha sempre più pagine piene, quindi tutto è a posto. Va tutto bene. La zolla che si capovolge ribaltando questa consuetudine è davvero scavata in profondità. Possiamo bene immaginarci la reazione di tanti genitori che, senza l'opportuna informazione e preparazione, si aspetterebbero una lunga e dettagliata letterina a Babbo Natale dai propri bambini di 6 anni nella prima classe, nell'accorgersi che questa non arriva. Ovviamente il coinvolgimento dei genitori è opportuno e fondamentale; e aiutarli a comprendere e a sapere apprezzare e valorizzare quello che accade nelle classi Matrioska anche per quanto riguarda l'approccio con la lettura, a scongiurare il rischio che i bambini percepiscano la lettura come una fatica, che rappresenti noia o che peggio, si trasformi in odio.

LA LETTURA DEI DISEGNI

Inventata dalla Maestra Laura Montiroli. È bellissimo ed emozionante ascoltare con quanta capacità, sottigliezza, fantasia, ricchezza di particolari, tanti bambini si dedicano all'interpretazione letteraria dei loro disegni. Ed è una opportunità preziosa altrettanto importante poter aiutare i bambini che invece hanno una esposizione più ridotta e concisa ed espandere la loro osservazione, a liberare la fantasia, ad attivare creatività, ad arricchire il vocabolario. Con questa modalità didattica si raggiungono diversi obiettivi. Sul piano cognitiva insegna ai bambini a: acquisire dimestichezza con una comunicazione che utilizzi metafore e contenuti simbolici; attivare una reazione cognitiva, emotiva e comportamentale. Senza questa reazione, qualsiasi lettura rimane un atto puramente meccanico, di semplice registrazione; raccogliere i dati dalle immagini, dare loro un senso, un significato, capire.   E anche acquistare sicurezza, migliorare l'eloquio, condividere emozioni.   E ancora rispettare i compagni mentre leggono, aspettare il proprio turno, appassionarsi sulla base di una condivisione. migliorare l'esposizione orale, accarezzare con la piuma delle emozioni le connessioni neuronali del simbolico. Questo è un esempio calzante di come funziona la Matrioska! Alla fine del primo anno di scuola la maggior parte dei bambini legge con padronanza e sicurezza. Soprattutto con piacere. Molti avranno amore per la lettura. Ci può essere chi ha bisogno di più tempo, ma sappiamo che è assolutamente normale che alcuni bambini arrivino alla lettura nel primo periodo della seconda classe. L'imperativo è: non spaventarsi, non angosciarsi; dare fiducia e aspettare. C'è tanto tempo prima di fare suonare le sirene dell'allarme! L'importante da tenere sempre presente è che la lettura deve rappresentare un possesso, una padronanza, un piacere e un desiderio.

COME INSEGNARE ITALIANO
CON IL METODO MATRIOSKA

di LAURA MONTIROLI

Il mio percorso per diventare un'insegnante. Prima di parlare di come insegnare l'italiano nella scuola primaria, credo che sia fondamentale parlare di me come insegnante, e del percorso realizzato nei miei 36 anni d'insegnamento. Ad un certo punto della mia vita ho deciso con determinazione che sarei diventata un'insegnante, anzi una "maestra" perché sentivo dentro di me un'attrazione e un trasporto nei confronti dei bambini e del loro mondo un misterioso ma, allo stesso tempo, affascinante. Mi sono presentata agli esami di maturità Magistrale come una semplice candidata "privatista", dopo aver conseguito la maturità scientifica che avevo sostenuto l'anno precedente. Raggiunta la sufficienza che mi ha permesso di superare l'esame, ho iniziato con entusiasmo un lungo periodo di formazione frequentando la facoltà di psicologia e il corso di specializzazione per insegnare ai bambini diversamente abili, proprio per capire meglio i bisogni e le tappe evolutive riferiti al periodo infantile corrispondente all'età scolare. A venticinque anni superavo brillantemente il Concorso pubblico per l'insegnamento diventando un'insegnante di sostegno di ruolo, cioè un'insegnante con un contratto a tempo indeterminato. Occuparmi dei bambini diversamente abili e della loro integrazione nella classe comune, è stata un'esperienza che mi ha arricchito profondamente, permettendomi di entrare a contatto con le fragilità dei bambini e di conoscere la loro forza, derivante da un'energia affettiva ed emotiva spontanee e autentiche. Sono trascorsi dieci anni senza che me ne accorgessi, sono stati intensi e pieni di scoperte meravigliose, fatte di sguardi, di abbracci, di sorrisi e di lacrime... Allo stesso tempo, però, ho iniziato a "vedere" con occhi più attenti, aspetti legati all'organizzazione che non ritenevo giusti e che non corrispondevano alle conoscenze teoriche acquisite fino a quel momento. Tanto per raccontarne qualcuno: spesso l'insegnante titolare della classe mi faceva trovare il bambino da seguire sulla porta, pronto per uscire dall'aula, da solo, senza neanche un compagno con cui condividere l'attività necessariamente "individualizzata", cioè staccata totalmente dall'andamento della classe. Una tristezza infinita!!! L'alunno disabile scaricato e affidato all'insegnante di sostegno! Allora cominciavo a chiedermi dove fosse la famosa "integrazione ", tanto decantata nella legge 517, che aveva eliminato le classi differenziali. In quegli anni avvertivo che tutta una serie di azioni messe in atto nella scuola, servivano a mettere in risalto la diversità nel modo sbagliato, cioè evidenziavano ancora di più i problemi del bambino facendolo inevitabilmente diventare un "caso clinico". Infatti, con tutte le migliori intenzioni, pensando di fare il bene dell'alunno disabile, si puntavano i riflettori sui suoi aspetti negativi, sulle sue fragilità facendolo sentire ancora più isolato ed emarginato dal resto dei compagni. In quel periodo portavo avanti, come meglio potevo, il corso di laurea in psicologia e studiavo durante i fine settimana. Ricordo che mi sentivo completamente catturata in una "full-immersion" dove si alternavano momenti intensi di studio con l'esperienza lavorativa che continuavo, imperterrita, a mantenere. Nel frattempo, anche la mia vita privata aveva avuto dei cambiamenti sostanziali; mi ero sposata ed era nata una bambina. Quando mia figlia aveva compiuto due anni ed io avevo finalmente concordato con il professore l'argomento della tesi di laurea, avevo scoperto di essere di nuovo incinta!!! Dopo un periodo di smarrimento e di timore, che mi facevano ipotizzare di non poter arrivare al traguardo finale, cercai di reagire trovando la forza e la determinazione necessarie per completare la tesi in tempo, prima che arrivasse il secondo bambino. Infatti, in quell'anno così intenso e "travagliato", riuscii a portare a termine la tesi di laurea e la gravidanza, a distanza di un mese l'una dall'altra!!! La laurea e la seconda maternità mi diedero una nuova energia, facendomi maturare la decisione professionale di cambiare prospettiva: dedicarmi più da vicino a tutti gli alunni della classe e non soltanto all'alunno disabile. Assumendo un ruolo diverso, cioè il ruolo di insegnante di classe, avevo la convinzione che avrei potuto occuparmi ancora meglio degli alunni con problematiche specifiche, perché sentivo di avere una libertà di azione maggiore e potevo mettere a dsposizione le mie conoscenze e competenze a vantaggio di tutti. Ma ahimè, mi illudevo di avere tutti gli strumenti necessari per affrontare la gestione della classe. Mi resi subito conto che la realtà era ben diversa dalle mie idilliache supposizioni. I bambini diventavano sempre più ingestibili all'interno delle dinamiche di classe: avevano un atteggiamento di quasi totale non curanza per la figura dell'adulto e per le indicazioni che cercava di trasmettere. Ricordo che mi domandavo spesso: "Ma sono io che non riesco a catturare l'attenzione dei miei alunni o è tutta colpa loro perché non riconoscono la figura dell'adulto?" Con il tempo ho capito che si trattava di entrambe le situazioni cioè io non ero preparata, non avevo sufficienti strumenti per affrontare le dinamiche del gruppo e loro erano il ritratto di una società che si stava trasformando. A questo punto c'era soltanto una cosa da fare se volevo sopravvivere e continuare decentemente il mio ruolo di insegnante: dovevo mettermi in gioco andando alla ricerca di un corso di formazione che mi desse gli strumenti giusti per *affrontare questa nuova realtà molto simile ad una giungla con tanti animaletti da ammansire e catturare! Come sono diventata una "maestra Matrioska" Nel lontano anno scolastico 2000/01, ricordo che parlai con una collega che stava frequentando un corso di formazione tenuto dalla Dottoressa Mariangela Ceriati, psicologa e psicoterapeuta, denominato "I sassolini di Pollicino". Il nome mi incuriosiva e la collega mi aveva specificato che si trattava di una formazione diversa, insolita, mirata alla persona-docente più che ai contenuti didattici... Mi feci coraggio e, anche se il corso era già al terzo incontro, mi presentai timorosa ma sperando ardentemente dentro di me di aver trovato quello che cercavo per migliorare il mio modo di "essere insegnante". Fui accolta a braccia aperte e scoprii nella dottoressa Ceriati una grande umanità, unita alla sua straordinaria preparazione. Ho continuato la mia formazione con lei per altri 12 anni! Un'esperienza unica, che mi porto dentro con tanta gioia e gratitudine, e che mi ha reso quella che sono oggi, migliorandomi come persona e come insegnante. Credo di essere stata baciata dalla fortuna nell'incontrare Mariangela Ceriati; una persona appassionata del suo lavoro e fermamente convinta delle sue idee geniali e all'avanguardia che è riuscita a trasmettermi tanta sicurezza e tanta energia nel ritrovare la mia motivazione di insegnante. Una persona esterna potrebbe domandarsi: "Com'è possibile che una formazione debba durare tutti quegli anni?" Infatti, la spiegazione non è scontata: il prolungamento della durata è stato dovuto alla modalità di organizzazione prevista dal corso che, nel frattempo, si era tramutato nel progetto: "Tamburi di pace", che, tra l'atro, affrontava il problema della gestione della classe. Gli interventi avvenivano sul campo e la dottoressa, coadiuvata dalle sue collaboratrici psicologhe, interveniva direttamente* con i bambini, interagendo nelle dinamiche e rimuovendo situazioni poco funzionali. L'intervento veniva poi associato ad una "chiacchierata "con le insegnanti della classe, che comportava necessariamente una riflessione al di fuori del contesto-classe, per avere un quadro significativo e acquisire una visione consapevole delle azioni realizzate con gli alunni durante la lezione scolastica. La formazione prevedeva anche la "Scuola per genitori", che avveniva in orario extrascolastico e riportava la riflessione sulle dinamiche vissute dai bambini a casa per ricavarne degli spunti importanti, atti ad arricchire il bagaglio educativo genitoriale. Un corso di formazione davvero innovativo, basato sulle esperienze dirette, che richiedeva agli insegnanti tutta una serie di risorse diverse, mai utilizzate prima, ma necessarie per affrontare le sfide che i bambini stavano lanciando. Sicuramente ha comportato un lavoro enorme da parte mia nell' accogliere i suggerimenti che provenivano da una nuova prospettiva, perché dovevo abbandonare concezioni inutili, radicate dentro di me, senza alcun fondamento scientifico che non portavano a cambiamenti sostanziali nello stabilire una relazione serena coi bambini. Era come se Mariangela mi stesse fornendo "una bacchetta magica" che stava aumentando i miei poteri. Ma io non potevo solo usare lo strumento, io dovevo anche, gradualmente, cambiare me stessa per diventare una "maga"! La mia trasformazione in "maestra Matrioska" mi ha portato, gradualmente, a fare propri i principi del metodo mettendoli in pratica con i bambini nel corso di almeno tre cicli scolastici completi. La trasformazione più strabiliante del mio modo di insegnare è stata quella di partire dalle emozioni (non dagli aspetti cognitivi) ed in particolare dalla GIOIA. Questa è stata la parola magica che ha cambiato tutto il mio modo di essere e di fare scuola, rivedendo le priorità: non più la preoccupazione del programma e degli aspetti didattici ma, *piuttosto, il benessere dei bambini nell'affrontare con piacere ogni aspetto della conoscenza. Entrare in classe con il sorriso e vedere i loro visetti sorridenti, parlare dei loro vissuti o delle loro curiosità, mi da la sensazione palpabile di fare presa e di costruire insieme ai bambini la nostra identità di classe e il nostro contesto di apprendimento sempre più significativo ed accattivante. Mantenere un clima gioioso non è sempre facile ed idilliaco con le problematiche che i bambini vivono attualmente, e, allora devo cercare di PRESTARE ATTENZIONE E DARE IMPORTANZA alle piccole e grandi sofferenze che mi raccontano. Entrare sempre meglio in EMPATIA con i bambini fino alle lacrime, mi porta a stabilire una RELAZIONE profonda che assume un valore educativo molto forte e di vitale importanza anche ai fini dell'apprendimento. Sappiamo bene quanto i contenuti si trasmettano attraverso la relazione forte tra insegnante e alunno! Un aspetto presente del Metodo Matrioska. è quello di "GUARDARE E SAPER VEDERE"; riuscire a trovare il meglio che c'è nei bambini, saper scoprire sempre i loro lati positivi e comunicarglielo con apprezzamenti e tutta una serie di modalità che li rinforzino, attraverso un sistema di GRATIFICAZIONE molto ben attrezzato e architettato. Spesso tra gli insegnanti esiste la convinzione che si gratificano i bambini solo attraverso il voto, anche se quest'ultimo è legato ad una prestazione e non è rappresentativo della persona, delle sue idee, dei suoi comportamenti... Quando un bambino si sente gratificato, migliora la sua autostima e la fiducia nelle proprie capacità, si creano cioè le condizioni ideali per attivare la MOTIVAZIONE all'apprendimento. Quando si parla di motivazione, inoltre, si deve tener conto di come l'insegnante riesce ad infondere la passione nei confronti della disciplina che insegna, deve saper coinvolgere gli alunni rendendo il più possibile interattive ed interessanti le lezioni e questo succede facendo leva sulle loro emozioni. Spesso le emozioni delle insegnanti non vengono mai prese in considerazione e si dà per scontato il loro benessere nell'esercitare una professione che riceve scarso apprezzamento e poca stima soprattutto per quei famigerati tre mesi di vacanza che l'opinione pubblica continua erroneamente a dare per scontati. Mi torna in mente il ricordo di quando confidai ai miei amici fidati l'intenzione di diventare una MAESTRA. La loro reazione è ancora impressa dentro di me in quanto tutti o quasi, manifestarono la loro disapprovazione, in modi diversi, chi a parole, chi con espressioni facciali simili a smorfie molto vicine al disgusto. Ci fu un amico in particolare, che per cercare di distogliermi dall'idea "malsana e poco edificante di diventare una Maestra, mi disse che sarei stata una "morta di fame a vita!". Bè, quando penso a questa definizione così catastrofica e lapidaria, ora risponderei che si sbagliava di grosso perché non mi sono mai sentita così VIVA e FELICE della scelta fatta. Sicuramente i riconoscimenti per gli insegnanti, in termini di compenso retributivo, andrebbero riqualificati dallo Stato allo scopo di attribuire un valore maggiore all'operato di chi si occupa di tramandare la cultura e di formare le nuove generazioni. Comunque, il benessere degli insegnanti, credo che non derivi soltanto dal giusto compenso economico da attribuire a questa categoria così svalutata anche nei confronti di altri Stati europei, ma dal rispetto e dalla considerazione che questo importante incarico dovrebbe suscitare da parte della società. La figura professionale dell'insegnante potrà riguadagnarsi fiducia e apprezzamento soltanto se sarà in grado dimostrare alla comunità di essere all'altezza della situazione sotto tutti gli aspetti: umano, educativo, relazionale, didattico, culturale, digitale, ambientale, sociale. Un professionista competente, capace di proiettare gli alunni in un futuro dove ognuno possa sentirsi realizzato ed utile agli altri, apportando un contributo personale per rendere il mondo un luogo migliore e sostenibile ad ogni livello. Tutto questo richiede una grande capacità da parte dei docenti; di versatilità nel sapersi mettere in gioco, nel formarsi in modo permanente ma soprattutto nel seguire una formazione che possa rigenerare la loro motivazione all'insegnamento tanto da mantenere sempre vivo uno stato d'animo positivo di benessere e di piacere nello stare con i bambini o con i ragazzi. Il MM parte proprio dalla Gioia dei bambini, degli insegnanti e dei genitori ed io ne sono l'esempio vivente. L'insegnamento e l'apprendimento dell'Italiano con il Metodo Matrioska Premessa fondamentale Cominciamo subito col "ribaltare la zolla" (da "Un Amore di scuola" di Mariangela Ceriati). Per insegnare la disciplina di Italiano alla scuola Primaria, partiamo dalle EMOZIONI e non dagli aspetti cognitivi. A supporto di questa affermazione, ci vengono in aiuto anche le neuroscienze. Rodolfo Llians, un neuroscienziato colombiano che ha dedicato la sua vita a capire come funziona il cervello, accanto agli altri neuro scienziati ricordati nel libro sopra nominato, ultimamente è arrivato alle stesse conclusioni confermando con determinazione che la struttura intellettiva è basata sulle emozioni: prima viene l'EMOZIONE e poi la RAGIONE. Quindi se il nostro cervello attiva le sue connessioni sulla base di uno stimolo emotivo, noi docenti dobbiamo rivedere necessariamente tutto il modo di insegnare ai fini dell'apprendimento. Tutto il mondo della scuola dovrebbe fare tesoro delle scoperte delle neuroscienze che aprono a degli orizzonti nuovi, mai considerati fino ad ora, e che potrebbero rappresentare la rivoluzione del secolo, dove la conoscenza in primis, viene mossa e alimentata dalla sfera emotiva che ne potenzia gli aspetti cognitivi e non* viceversa. Mi auguro vivamente che ciò avvenga, anche se sappiamo bene che l'entità scolastica ha le sue convinzioni molto radicate in cui domina il cognitivismo. Allora cosa possiamo fare di fronte a una situazione rigidamente impostata in questo modo e da così tanto tempo? Direi che sarebbe auspicabile iniziare nel nostro piccolo mondo, cioè iniziare già a cambiare qualcosa nella nostra classe apportando i giusti accorgimenti nel MODO di approcciarsi agli alunni quando si propone una lezione su un determinato argomento. Un nuovo MODO di approcciarsi alla disciplina scolastica. "Le Matrioska si aprono anche per suggerire agli insegnanti una disponibilità a metodi didattici nuovi per insegnare le varie materie"... "il MODO d'insegnare diventa di fondamentale importanza per tutte le materie, in particolare per quelle scientifiche"..."Ma per ottenere dei risultati positivi nella Scuola Secondaria e Primaria dobbiamo rivedere contenuti e modi d'insegnamento".... Se ripenso alla mia esperienza, posso affermare che il mio modo d'insegnare la lingua italiana ai bambini si è modificato nel tempo; ma è soprattutto negli ultimi dieci anni che ha avuto un cambiamento sostanziale. All'inizio non mi sono neanche resa conto che stavo trasformando il mio approccio alla disciplina e tutto avveniva parallelamente alla formazione intrapresa sul Metodo Matrioska. Com'è stato possibile visto che il M.M. è solo un metodo educativo? Gradualmente ho capito che modificando il mio modo di pormi nei confronti dei bambini e, facendo miei tutti quegli accorgimenti appresi con il metodo, avveniva quella congiunzione astrale positiva per entrambe le situazioni: si creavano le condizioni favorevoli all'apprendimento e veniva anche fornita una grande spinta all'insegnamento dell' Italiano. Infatti, era successo quello a cui avevo tanto agognato: non solo possedevo la bacchetta magica ma ero diventata una maga! I *super poteri che avevo rafforzato dentro di me erano la PASSIONE e l'EMPATIA: la passione contagiosa e coinvolgente nel trasmettere la materia d'insegnamento, e l'empatia nel riconoscere e sentire i bisogni emotivi dei bambini. Ammetto di essere stata molto fortunata nell'insegnare sempre la stessa disciplina perché questo mi ha permesso di acquisire la giusta padronanza e conoscenza della lingua italiana. Sappiamo tutti che è necessario conoscere bene la materia che si deve insegnare, ma bisogna anche saperla trasmettere e non è così scontato. Allo stesso tempo, l'italiano si presta in modo particolare, perché, oltre ad essere la lingua madre, è una disciplina trasversale attraverso cui veicolare tutte le altre discipline. Ma è anche una lingua complessa, perché ha molte sfaccettature: la lettura, la scrittura, l'ortografia, la grammatica, l'arricchimento lessicale, l'aspetto verbale, l'aspetto dialettale ecc... Man mano che passavano gli anni e si concludevano i cicli scolastici succedeva un incantesimo: i miei alunni che lasciavano la classe quinta, alle medie si distinguevano e riuscivano a eccellere nelle discipline umanistiche. I successi dei miei alunni, inizialmente del tutto inaspettati, oltre a farmi prendere consapevolezza di essere stata efficace nell'insegnamento dell'italiano, mi rendono orgogliosa per aver generato in loro l'AMORE per la conoscenza e aver dato il mio contributo alla loro crescita, con la speranza di aver messo le basi per persone soddisfatte, competenti e realizzate. Volendo vedere da vicino alcuni principi del Metodo Matrioska, allo stato attuale delle situazioni scolastiche, si pongono inevitabilmente delle domande realistiche: come si fa a partire dalla Gioia e poi a mantenerla soprattutto quando in classe ci sono bambini che urlano o non ascoltano o si distraggono facendo le loro innumerevoli attività nascoste mentre l'insegnante spiega? Come si fa a "motivare" proprio quei bmbini che non ne vogliono sapere di studiare perché hanno tante preoccupazioni famigliari che causano tensione emotiva? Come si fa ad "entrare in empatia" o a "creare una relazione" col bambino che ti risponde a M. Ceriati, op. cit. male parole o ti provoca lanciandoti addosso oggetti presi dal suo astuccio? Come si fa a "vedere gli aspetti positivi" in un bambino chiuso nel suo mondo, che non si vuole scoprire perché ha tante resistenze che lo frenano e gli impediscono di venire fuori? Come si fa a "prestare attenzione e dare importanza" ai numerosi bambini che affollano le classi? Questi e mille altri interrogativi affiorano alla mente di chi quotidianamente si trova a lavorare con bambini o ragazzi, quando ormai le situazioni complesse sono all'ordine del giorno. Molto spesso, di fronte a tali problematiche, il mondo scolastico sembra prendere le distanze come se non lo riguardasse. Il più delle volte si scaricano le responsabilità sulla famiglia senza affiancarla o sostenerla; oppure ci si "prende cura" inviando il bambino, o la bambina al Servizio materno- infantile per una valutazione diagnostica, con la richiesta di interventi specializzati. Così crescono a dismisura le diagnosi di DSA, ADHD, DISTURBI DI PERSONALITA' BORDERLINE. Senza nulla togliere agli esperti che si occupano di diagnosticare questioni legate a patologie più o meno conclamate, ho verificato con la mia esperienza che molte difficoltà di apprendimento o comportamentali, se prese in tempo e nella maniera opportuna, possono ridimensionarsi senza strutturarsi necessariamente in un disturbo dichiarato Allora come intervenire nel modo giusto e tempestivamente permettendo all'insegnante di classe di prendere in carico la situazione con competenza e professionalità? La soluzione è quella di avere un metodo EDUCATIVO efficace che sappia aiutare l'insegnante a gestire le dinamiche comportamentali o le situazioni poco funzionali all'apprendimento. Ho provato a cercare altri metodi educativi che potessero arricchire la mia conoscenza ampliando gli orizzonti formativi ma, a parte qualche convegno, finora non ho trovato nessun metodo che affronti esclusivamente aspetti educativi o che perlomeno dia la priorità a condizioni riguardanti a come meglio approcciarsi alla persona nella fase di crescita inerente all'età scolastica. Ecco che il M. Matrioska fornisce le risposte necessarie perché rappresenta un metodo educativo "basato sulla persona e orientato sulla conoscenza." Questa affermazione comporta un cambiamento di prospettiva innovativo rispetto a quanto realizzato finora nella scuola. È fondamentale nella scuola applicare "la psicologia didattica", con un approccio educativo-didattico che scandisce un apprendimento ampio: cognitivo, emozionale, sociale, in cui atto didattico e attenzione educativa si realizzano nello stesso momento. L'insegnante può trasmettere concetti e conoscenza e contemporaneamente occuparsi della CONOSCENZA DI SÉ dei bambini e quindi, della FORMAZIONE DEGLI INDIVIDUI." (Mariangela Ceriati) Durante la lezione l'insegnante non deve separare l'azione didattica dall'azione educativa ma armonizzarle insieme e mentre trasmette i contenuti, lancia messaggi educativi che riguardano da vicino la formazione della persona, innescando contemporaneamente processi cognitivi, emotivi, relazionali, sociali. ... Allo stesso modo, quando si insegna la lingua italiana in ogni ordine e grado, andrebbero presi in considerazione contemporaneamente aspetti che stimolino le abilità di base e le competenze linguistiche, ma anche ciò che motiva il bambino o il ragazzo alla lettura, alla scrittura, avendo sempre cura di non trascurare il coinvolgimento emotivo e il piacere di leggere o scrivere, come aspetti addirittura prioritari rispetto al puro tecnicismo. Un principio* cardine del Metodo che aiuta a non perdere mai di vista gli aspetti educativi, mentre si fa una lezione didattica, è l'ADAGIO , dove in ogni lettera si declina un acrostico ricco di azioni ed accorgimenti dell'insegnante da tenere sempre presenti. La parola "ADAGIO" ha già in sé il valore della lentezza che caratterizza il Ritmo di insegnamento soprattutto all'inizio della classe prima, in cui si dà ai bambini un tempo lungo di ambientamento senza iniziare a tamburo battente con l'alfabetizzazione, ma proponendo attività semplici e conosciute in continuità con la scuola dell'Infanzia. Nel frattempo si costruisce nella classe un ambiente accogliente, rassicurante e caloroso, come condizione necessaria a far abbassare le ansie e le paure presenti negli alunni appena arrivati nel nuovo ordine di scuola. Succede spesso che i bambini piangano all'inizio della classe prima della Primaria; sono impauriti, sovraccaricati dalle aspettative dei genitori, pieni di ansia per aver lasciato la mamma che gli dava sicurezza e si sentono persi, abbandonati in un luogo nuovo con persone sconosciute, avvertite come una minaccia. Questi sono tutti segnali da non trascurare, hanno in sé una carica emotiva molto forte per il bambino e l'insegnante deve essere preparata a saperli riconoscere ed affrontare nel modo giusto affinché si possano gettare, fin dai primi giorni di scuola, le fondamenta affettive ed emotive per un apprendimento significativo ed efficace. È bello avere un insegnante che ti accoglie, ti sorride, ti prende per mano guardandoti negli occhi, ti parla in modo calmo e amorevole, ti fa capire con i messaggi del corpo che tu sei importante per lei a prescindere da quello che sai fare e sta sempre al tuo fianco, anche quando farai degli errori. Questo atteggiamento di accoglienza dovrà diventare una modalità costante per tutto il percorso della scuola Primaria soprattutto per gli alunni più fragili e con difficoltà. Insegnare *l'italiano con Amore, si può. Sono convinta che tutti gli insegnanti, nessuno escluso, abbiano un forte trasporto per i loro studenti e insegnino la loro disciplina con Amore. Il più delle volte succede che non sia del tutto sufficiente o forse che questo amore non sia tale da rendere l'alunno felice di imparare in un contesto di autentica partecipazione e di gioia. Credo che insegnare con amore voglia dire prendersi cura degli alunni e dare la priorità ai bisogni ed agli interessi di ciascuno, senza trascurare ed abbandonare nessuno, evitando di amare la disciplina che si sta insegnando, più degli alunni stessi. Mi riferisco a quando il programma della disciplina che si insegna diventa predominante o a quando i compiti si dilatano a macchia d'olio, sovrastando completamente lo spazio e il tempo che l'alunno avrebbe necessità e piacere di occupare in altri modi, facendo le sue esperienze liberamente, senza avere l'incubo del lavoro scolastico da svolgere a casa. Allora l'insegnante dovrà saper ascoltare i propri alunni con il cuore. Come scrive lo scrittore e professore Alessandro D'Avenia nel suo ultimo libro "L'Appello" riferendosi ai suoi alunni: "Mi hanno cambiato gli occhi cambiandomi il cuore, perché per cambiare gli occhi devi prima cambiare il cuore. Lo hanno costretto a dilatarsi per entrarci tutti, anche quelli più difficili e spigolosi…". Sono proprio gli alunni più "difficili e spigolosi" che richiedono all'insegnante una dose maggiore di Amore, perché attraverso il loro atteggiamento fastidioso, oppositivo, arrogante, rabbioso stanno esprimendo un disagio carico di sofferenza derivante, spesso, da situazioni famigliari complesse. È ancora vivo e caldo il ricordo dell'ultima classe quinta salutata prima dell'estate dopo un ciclo scolastico insolito tra isolamento, Didattica a Distanza, Didattica Integrata etc. Posso affermare che sono stati gli alunni più impegnativi della mia carriera scolastica e che hanno messo a* dura prova le risorse umane e professionali di tutte le insegnanti presenti nel team. Se ripenso a quando, nel riprendere la prima elementare, sei alunni che provenivano dalla sezione della materna erano stati inseriti erroneamente nella stessa classe, nonostante il suggerimento di separarli per incompatibilità nel passaggio alla scuola Primaria, ancora avverto la RABBIA infiammarmi il viso! Ma poi il cuore mi scoppia di GIOIA per il Capolavoro che ne è venuto fuori, grazie al grande lavoro realizzato insieme alle colleghe. Almeno la metà dei 21 alunni rappresentava un concentrato da manuale di tutte le problematiche contemplate nell'ambito sociale, famigliare, comportamentale, clinico, psicologico, logopedico etc che, presentate insieme, entravano in un vortice esponenziale di gestione di estrema difficoltà... All'inizio del percorso scolastico di questa classe, mi sono trovata in difficoltà ed ho avuto la sensazione, in alcuni momenti, di perdere il controllo della situazione. Questo contesto così complesso soprattutto nelle dinamiche che si creavano nel gruppo, ha richiesto in ognuna delle docenti, di rivedere il modo di porsi e di approcciarsi nei confronti di ciascun alunno. Era fondamentale stabilire con ognuno di loro una RELAZIONE forte, significativa che ci permettesse di trovare la chiave di accesso per interagire nel modo appropriato, tirando fuori il meglio dalle loro individualità. Il passaggio successivo è stato quello di potenziare l'EMPATIA, che ci ha permesso di immedesimarci, fino alle lacrime, nei loro vissuti sempre carichi di emozioni forti, a volte sofferte, a volte serene. L'EMPATIA, unita all'OSSERVAZIONE ATTENTA (vedi la O dell'Adagio), ci ha fatto sentire i loro momenti di stanchezza, di abbassamento dell'attenzione, oppure di voglia di partecipazione e di cambiamento. La FIDUCIA è stato un altro cardine sul quale fare affidamento per costruire insieme un forte legame con i bambini. Dovevano avvertire che le maestre credevano in loro in ogni momento, anche quando sbagliavano un compito o mostravano una caduta di stile nel comportamento. Nonostante i momenti di sconforto, non ho mai perso la fiducia nelle loro capacità; prima o poi, si sarebbero manifestate nella bellezza e nell'originalità di ognuno, mostrando la ricchezza della loro diversità. Le verifiche, i compiti a casa, la prestazione e i voti non hanno mai costituito l'aspetto predominante rispetto alla crescita personale dei bambini; allo stesso modo, l'errore è sempre stato vissuto come un amico che ti indica la strada giusta e viene in tuo aiuto per migliorare. La GRATIFICAZIONE (vedi la G di Adagio), ha avuto un ruolo fondamentale ed ha caratterizzato tutto il percorso dei cinque anni. Noi maestre non ci siamo mai stancate di dire "bravo! Stai facendo la cosa giusta!"; "Mi piace come stai seduto";"Complimenti per l'ordine del tuo banco"; "Che bella Gentilezza hai fatto al tuo compagno e per questo meriti un cuoricino". Abbiamo sempre dato un riconoscimento ai loro sforzi anche elargendo stelline e cuoricini a tamburo battente durante tutto il percorso scolastico!!(vedi la I di Adagio). La Gratificazione su aspetti legati al comportamento ha dato una grande spinta alla MOTIVAZIONE nei confronti dell'impegno scolastico. Il sentirsi apprezzato nelle azioni quotidiane legate al rispetto delle regole di convivenza, si è trasferito anche sugli aspetti riguardanti l'apprendimento (lo stare attento alla lezione e all'esecuzione del compito), proprio per cercare la stessa approvazione dell'insegnante. Quando il bambino sperimenta, gradualmente, la condizione di sentirsi bravo tende a riprodurla impegnandosi nello studio, dando il meglio di sé nel lavoro scolastico e provando via via la GIOIA di apprendere e di aprire i propri orizzonti alla CONOSCENZA. In particolare, il bambino che presenta delle fragilità ha bisogno maggiormente del RINFORZO POSITIVO della gratificazione, proprio per modificare l'immagine negativa che ha di sé. Quindi ben vengano apprezzamenti su ogni sua piccola conquista affinché si veda riconosciuto nello sforzo tendente al cambiamento! Privilegiare l'espressione verbale e l'educazione all'ascolto Insieme all'insegnante di sostegno e all'educatrice presenti nella classe, abbiamo escogitato una modalità ben articolata per accogliere gli stati d'animo dei bambini appena arrivati a scuola. Iniziare la giornata parlando ed esprimendo insieme vissuti ed emozioni, è la maniera migliore per capire come i nostri alunni stanno vivendo dinamiche famigliari o scolastiche. Mi riferisco alla rubrica del M.M. "LO SAI CHE.." adattata ai bisogni del gruppo-classe . Utilizzando questa modalità, oltre ad avere una panoramica degli stati d'animo dei bambini, si attivavano e si affinavano spontaneamente le abilità di espressione verbale e di ascolto. Ognuno era libero di prendere la parola per raccontare di sé e, nello stesso tempo, imparava ad ascoltare i compagni nei loro racconti personali. In questo modo i bambini si conoscevano e creavano un'identità di gruppo molto forte che li ha legati profondamente per tutti i cinque anni di scuola. Fondamentale è stato il CLIMA che si è venuto a creare nella classe dove non c'era alcun giudizio e nessuna competizione , tutto avveniva nel rispetto e nello spirito di accoglienza (vedi la A di Adagio) e di sensibilizzazione nei confronti dell'altro. È stato un momento molto intenso quando alcuni di loro hanno scoperto, piangendo, la propria capacità di sentire il dolore di una compagna per la morte della mamma! Con tali presupposti è venuto naturale educare alla COLLABORAZIONE facendo riferimento al principio dell'aiuto. Ognuno si sentiva investito nell' aiutare un compagno in difficoltà ma contemporaneamente accettava *l'aiuto se ne aveva bisogno. Quando si utilizza il principio dell'aiuto, non c'è niente di meglio nel coinvolgere tutti i bambini, nessuno escluso, ad aiutarsi, perché ognuno può dare il proprio contributo e può mettersi nella condizione di riceverlo; non è soltanto il bambino bravo ad attivarsi nei confronti dei compagni in difficoltà ma sono tutti coinvolti e sensibilizzati nel rendersi utili nel modo a loro più congeniale. Lo spazio-chiarimenti è stata un'altra strategia di vitale importanza per favorire lo sviluppo delle capacità di comunicazione, di espressione verbale e interpersonale dei bambini, oltreché per il loro benessere. Uno spazio dedicato alla chiarificazione dei conflitti che si verificavano tra loro. Nella fase iniziale del percorso scolastico è necessaria la mediazione delle insegnanti, mentre successivamente i bambini imparano a gestirlo in autonomia. Tutti questi accorgimenti hanno fornito un grande contributo alla formazione della Persona favorendo lo sviluppo del Saper essere; nello stesso tempo le competenze trasversali attivate si sono rivelate utili all'arricchimento del lessico che veniva gradualmente migliorato nella forma e nel contenuto. Il racconto di sé, delle proprie esperienze ed emozioni, il racconto dei pensieri o delle riflessioni di ciascuno oppure il racconto di fiabe o storie, hanno favorito e incentivato la narrazione che è diventata il valore portante di tutto il mio insegnamento dell'Italiano nell'arco dei cinque anni. La comunicazione verbale si è arricchita anche grazie alla stimolazione della capacità di argomentazione che ha sempre caratterizzato ogni inizio di lezione di italiano. In particolar modo, nelle classi quarta e quinta, attraverso domande aperte sugli argomenti più svariati, venivano stimolate conversazioni coinvolgenti dove tutti si sentivano liberi di manifestare il proprio parere, affinando così il pensiero critico. Dobbiamo sempre tenere presente che l'attenzione di* chi ascolta ha una durata limitata, in genere di 15/20 minuti, e non si può occupare tutto il tempo con una lezione frontale; gli alunni vanno investiti di un ruolo attivo perché così migliora la loro comprensione e memorizzazione. Ho cercato fin dalla prima Elementare di stimolare nei bambini la naturale curiosità per la lettura e la scrittura evitando la corsa sfrenata e martellante all'alfabetizzazione ed ho dedicato, invece, molto tempo a sostenere un apprendimento solido, nato dal piacere per la scoperta dei caratteri letti o scritti, secondo il ritmo di ciascuno. Lo so che non è facile incuriosire i bambini di oggi, quando ci si riesce, però, avviene qualcosa di magico. Ogni volta che un bambino o una bambina riuscivano a leggere o a scrivere una parola, si festeggiava con un'esplosione di Gioia sia dei compagni che della maestra, con tanto di lacrime di commozione, di abbracci, baci e applausi pieni di affetto. Questa è un'altra magia che si verifica con il Metodo Matrioska, cioè la possibilità di poter uscire dal ruolo rigido attribuito all'insegnante per poter condividere empaticamente un'emozione con i propri alunni-bambini, gioendo con loro per una conquista oppure provando una vicinanza per una situazione sofferta. Il linguaggio del GIOCO è uno dei canali comunicativi più forti che mette in contatto il mondo del bambino con il mondo dell'adulto e va sempre tenuto aperto e alimentato facendo uso della magia, delle fiabe, della fantasia, delle metafore, delle figure simboliche, dell'immaginazione. Il gioco aiuta anche a rendere la lezione più divertente e accattivante permettendo ai bambini di attivare una maggiore attenzione, unita a tutte quelle connessioni neurologiche che conducono ad un apprendimento stabile. Il gioco, quindi, permette ai bambini di orientarsi nel mondo degli adulti per gestirlo più facilmente a loro misura. Nel prestare attenzione e dare importanza al gioco, ho provato ad individuare il nesso che ha il gioco di fantasia con lo sviluppo cognitivo, emotivo e sociale del bambino in una condizione di apprendimento/ insegnamento scolastico. Sono partita dalla lettura dei disegni dando a ciascuno dei miei alunni di prima, la possibilità di raccontare ai compagni la rappresentazione grafica delle loro esperienze, permettendogli di sentirsi così protagonisti di un pezzettino di vita vissuta. Con mio grande stupore, attraverso l'osservazione e il continuo dialogo con i bambini, ho scoperto quanto il loro racconto verbalizzato risultasse molto più articolato del disegno stesso che si arricchiva di azioni, soggetti, luoghi e dettagli presenti o immaginati. I disegni assumevano più una forma legata alla narrazione che alla descrizione e avevano tutte le caratteristiche di vere e proprie storie di senso compiuto. I bambini riuscivano a spaziare con l'immaginazione dimostrando di possedere un pensiero creativo superiore alle mie aspettative. La percezione dei bambini era: "So leggere, so raccontare!". Intanto si motivavano e si fortificavano nell'autostima, si sentivano riconosciuti e gratificati nell'avere uno spazio denominato "l'angolo delle storie", dove potevano presentare i loro racconti che sgorgavano come un fiume in piena superando così blocchi e inibizioni. Per evitare di perdere questo patrimonio così prezioso, ho proposto ai bambini un quaderno libero chiamato "quaderno dei sogni "dove potevano disegnare liberamente, le loro storie. Con l'inizio della scuola Elementare e la necessità di concentrare l'attenzione su segni e fonemi per imparare a leggere e a scrivere, si incorre nel rischio di trascurare il gioco di fantasia, di considerarlo superfluo tanto da ridurlo drasticamente, compromettendo così lo sviluppo del pensiero creativo. Ritenevo necessario proporre stimoli ed occasioni che motivassero i bambini a giocare con la lingua, a tradurre sulla pagina il flusso di esperienze vissute o immaginate, continuando a mantenere l'attenzione alla creatività, la promozione alla consapevolezza di sé e la costruzione di un pensiero originale. Man mano che si procedeva nell'apprendimento della strumentalità della scrittura, le storie da rappresentate solo graficamente, diventavano scritte, seguendo un graduale percorso di acquisizione: prima una parola, poi una semplice frase fino ad arrivare a frasi complesse o a veri e propri testi. Ciò che proponevo ai bambini non erano esercizi pedanti, erano semplicemente giochi creativi e di fantasia basati sulla narrazione che affiancavano la didattica rafforzando l'amore per la lettura, la scrittura e lo sviluppo della creatività. Servivano ad arricchire il lessico, la struttura delle frasi e la grammatica facendo della lingua una cosa viva, aperta all'incontro e strumento di comunicazione, prima che di studio. La lingua italiana diventava così una piacevole scoperta per esprimere le emozioni, per vedere, assaporare, sentire e toccare con mano nuovi mondi che venivano raccontati; un palcoscenico per CREARE, per lasciar emergere la parte di sé stessi che voleva essere ascoltata, lasciando che si unisse con la voce delle storie dei compagni, in un arricchimento profondo e prezioso per tutti i bambini. Vygotskij scrive: "L'insegnamento dovrebbe essere organizzato in modo tale che la scrittura e la lettura siano necessarie per qualcosa, un esercizio puramente meccanico annoierà ben presto il bambino; la sua attività non sarà manifesta nella scrittura e la sua personalità in erba non crescerà. Lettura e scrittura dovrebbero essere cose di cui il bambino ha bisogno, bisognerebbe insegnargli il linguaggio scritto e non solo la scrittura di lettere". (7) I bambini non devono essere ostacolati dal timore di scrivere e di commettere errori ortografici o dal fatto di non rispettare le regole grammaticali. Per permettere che il processo creativo possa avere luogo, è necessario realizzare un clima sereno, una condizione di libertà e di accettazione. Nel quaderno dei sogni, infatti, non si dava nessuna importanza agli errori ortografici e veniva evitata ogni forma di giudizio. I bambini scrivevano da soli o in compagnia realizzando storie individuali o in coppia o in gruppo. È stato il loro gioco preferito fino alla classe quinta! Ogni giorno veniva dedicato alla scrittura e/o alla lettura delle storie che avveniva a getto continuo: c'era sempre da completare un finale o da arricchire un racconto con nuovi episodi o da buttare giù una trama diversa, perché, nel frattempo, sopraggiungevano altre idee, insomma un laboratorio vero e proprio dove poter sperimentare la loro vena da scrittori. La narrazione e la possibilità di poterla praticare concretamente, ha rappresentato un PUNTO DI FORZA che alimentava l'autostima e dava vigore alla sicurezza di ognuno, fortificandolo nella comprensione e nello studio delle discipline. Leggere, scrivere o perfino studiare non è mai stato così appassionante e coinvolgente! So che a breve riprenderò la classe prima, incontrerò nuovi bambini e inizierò un nuovo viaggio camminando fianco a fianco, affrontando insieme a loro difficoltà e sfide di vario genere che mi metteranno a dura prova. Mi rassicura la certezza di avere il Metodo Educativo Matrioska in grado di sostenermi e di farmi sentire capace di entrare in sintonia con i bambini vivendo con loro un'avventura entusiasmante dove la Gioia farà brillare i nostri occhi e scalderà i nostri cuori.

GLI ALTRI GIOCHI
"LA COLLANA PER LA VETTA DELLE CONQUISTE"

AZIONI

Questo Gioco prevede che vi procuriate una bacchetta lunga da fissare sul muro. (nel caso questo non fosse possibile, sono sicura che saprete attivare la vostra fantasia e creatività e trovare delle alternative). Piantate dei chiodini colorati. Sotto metterete le etichette con i nomi dei bambini. Ad ogni chiodino si appende un filo di plastica. Ogni qual volta un bambino fa una conquista, cioè avanza anche solo di un pezzetto nel suo cammino verso la vetta, la maestra/il maestro infilerà nel filo una perla.

"LE STORIE di CUORE"

PENSIERI

È il GIOCO più direttamente collegato all'educazione alle emozioni e ai sentimenti. È anche il GIOCO del CAMBIAMENTO. Con le "storie di cuore" si affrontano tutti i sentimenti, soprattutto i "sentimenti negativi". Primi fra questi, l'invidia e la gelosia, di cui i bambini sono pieni. Questo percorso ci permette di arrivare a certi obiettivi: 1) accogliere la vita dei bambini per quanto riguarda la parte degli affetti, dei sentimenti, delle emozioni; quindi, farli sentire accolti anche per quanto riguarda il loro particolare modo di manifestarsi. 2) Capovolge l'idea che i bambini buoni hanno solo sentimenti buoni, i bambini cattivi hanno sempre soltanto sentimenti cattivi. E che i bambini bravi lo sono sempre, e debbono sempre esserlo e avere lo stesso comportamento; 3) capovolge l'idea che quelli "che non vanno", "che hanno dei problemi", non potranno mai dimostrare qualcosa in senso opposto. Infatti, in questo caso, in modo sottile e molto ambiguo, si struttura l'idea/aspettativa, per cui da chi si comporta male, non ci si può aspettare altro; anche quando avviene qualcosa in direzione contraria, quando il bambino cerca di impegnarsi a "cambiare", a migliorare, tradizionalmente, per "convenzione", non gli si dà fiducia...ma gli arrivano i commenti: "Ma davvero l'hai fatto tu, questo? Magari ti sei fatto aiutare a casa dalla mamma? O l'hai copiato da qualcuno?" Oppure: "Mi pare strano, tu sei sempre il solito che combina guai, adesso possibile che si sia verificato il miracolo? Mmmmmmh! Ho un po' di dubbi!" E ancora:" Non credere che perché oggi ti sei comportato bene, questo possa cambiare il mio giudizio su di te! Io lo so bene come sei FATTO!" Oppure: va bene, oggi ti premio, però lo sai che ieri hai fatto questo o quest'altro di sbagliato,"; come anche i commenti... "Ieri sei stato cattivo con i compagni, com'è che oggi sei così bravo...?!" Capovolge il punto di riferimento preferito: il "carattere". Per cui: "È così di carattere! È un bambino ostinato – menefreghista – violento - aggressivo (o altro), perché è così di carattere". Non c'è nessuna possibilità di scampo; da un giudizio negativo, a scuola, (così come nella vita) non ci si può salvare, non ci si può "redimere"; non esiste possibilità di cambiare la propria percezione di sé, all'interno del contesto relazionale con l'insegnante e, di conseguenza con i compagni, attraverso il cambiamento di percezione dell'insegnante stessa! Lo spazio si restringe sempre di più, nella ripetitività delle stesse considerazioni "negative", "di annullamento", di negazione"; e il bambino, che non può accettare di non essere visto, di non essere considerato, di non essere riconosciuto, di non avere un suo spazio, un suo ruolo, nella relazione con gli altri, accetta, come unica possibilità di scampo, il suo stigma, la sua "qualità negativa", la sua etichetta. Ad essa si attacca, ci si abbarbica, la fa sua, per non sentire l'angoscia del "non esserci", del "non esistere". Ecco perché, il rifugio "pedagogico" di alcuni insegnanti nell'idea di "far finta di non vedere"; "di ignorare perché così si stufa..." è, da un punto di vista psicologico, profondamente sbagliato. Soprattutto perché, questo atteggiamento aumenta ancora di più il vissuto di angoscia.

E continueranno quindi a presentarsi quelle "crisi", quei comportamenti difformi dalla "normalità" che tanto disturbano il lavoro didattico e che fanno tanta paura. **Rivoltare la zolla.**

Quindi **"Le storie di Cuore"** aiutano le maestre/i maestri a cambiare punti di riferimento e i bambini a sentirsi riconosciuti nei sentimenti. Possono sentirsi uguali a tutti gli altri. Possono sentire che, anche se provano i sentimenti più "cattivi", non sono bambini cattivi. Di tutti se ne può parlare; si può non averne paura; si può non subirli soltanto. Così imparano anche a conoscere, a riconoscere e a differenziare i sentimenti.

AZIONI

Il vissuto dei bambini è questo: sento qualcosa, qui dentro, nel mio petto, nel mio cuore, che non mi fa stare bene, non mi piace. Mi viene la voglia di fare delle cose brutte. Ma poi sono triste perché la maestra non mi dalle stelline. Anche io la voglio, come i miei compagni! Ma la maestra mi dice che se quella cosa brutta non la faccio più anche io posso avere la mia stellina. Ci provo. Allora vuol dire che anche io posso fare qualcosa! Ehi! Questo mio impegno la maestra lo vede! Se ne è accorta! E anche i compagni! (il riconoscimento è il riferimento fondamentale). Addirittura, mi dicono che sono bravo e che ho fatto una conquista, anche se volevo fare una cosa "cattiva" e poi non l'ho fatta più! Che bello! Questo mi piace, mi fa stare bene, "mi fa sentire la voglia di ridere" (ha detto uno di loro)! Vale molto l'atmosfera emozionale e affettiva che si crea, in cui i bambini si sentonoe immersi. Quando ci viene riconosciuta la possibilità di cambiare e quando, all'inizio del nostro cambiamento veniamo riconosciuti come cambiati, come diversi da prima, è allora e solo allora, che portiamo in profondità questo cambiamento. Per tutti funziona così: per i grandi e per i piccoli.

"I TRE BANCHI"

Il Banco Spiccarello

Il banco spiccarello, serve per premiare la costanza e la perseveranza nel mantenere un comportamento corretto; il bambino/la bambina conquista una funzione speciale, quella di "FUNZIONARE DA MODELLO".

PENSIERI

La spersonalizzazione è una scelta meditata. Faciita nei bambini l'accettazione delle motivazioni che sottendono i tre "banchi". Quello che abbiamo sempre constatato è stato l'entusiasmo con cui sono stati accolti. Perfino al BANCO PUNIRELLO viene riconosciuto un significato accettato e riesce ad avere una efficacia straordinaria. Nel giro di poco tempo (10-15 minuti di solito) il bambino o la bamina riesce a trovare la motivazione giusta per rinunciare alla sua ostinazione e al suo bisogno di onnipotenza e a recuperare il desiderio di reintegrarsi nel gruppo e di recuperare l'approvazione dell'adultio/insegnante. La maestra/il maestro annuncia questo **premio particolare** quando: Martina riesce per una mattina intera a ricordarsi di buttare la carta nel cestino. E anche il giorno dopo, e ancora e ancora per 4 giorni. Quando Giulio riesce per quattro giorni di seguito a finire la merenda in tempo per poter giocare con i compagni. Quando Marco per ben quattro giorni riesce a rinunciare a fare "le mosse" della lotta soprattutto con pugni e calci. Il venerdì è dedicato alla proclamazione del BAMBINO o la BAMBINA, ma anche i BAMBINI che hanno conquistato il bellissimo compito di FUNZIONARE da MODELLI.

IL BANCO "LUMACHELLO", O ANCHE DETTO IL "BANCO AIUTARELLO"

Anche questo BANCO ha una funzione importante: serve per il bambino/bambina che "è un po' lento o lenta e ha bisogno di un aiuto della maestra/del maestro o dei compagni. Sostituisce l'abitudine di appicciare un banco alla cattedra, in cui collocare il bambino o la bambina generalmente "con problemi", in maniera fissa e costante. Un modo perfetto per creare lo stigma!

"IL BANCO AIUTARELLO"

può essere solo per una mattina, o un breve periodo di tempo, perchè quasi tutti i bambini attraversano dei momenti in cui possono avere bisogno di un aiuto, non solo, ma diventerà una posizione ambita; tutti i bambini vorranno starci e accetteranno di essere aiutati.

"IL BANCO PUNIRELLO"

È per il bambino o la bambina che in maniera esasperante continua a riprodurre un comportamento di disturbo, perché si è "incantato/incantata" nel suo "gioco", come un disco rotto. È importante svegliarlo e dargli quasi una piccola scossa per riportarlo ad una situazione di socializzazione. È finalizzato ad aiutare i bambini ad uscire dal solco dell'ostinazione. Per il Banco Punirello si dà ai compagni la consegna di non ridere per le sue buffonate. In fin dei conti quello che sta facendo è "fare il teatrino" proprio per i compagni. Togliere il pubblico svuota di significato la "rappresentazione". Ma è altrettanto importante che i bambini abbiano sempre la sicurezza della possibilità del recupero. La punizione durerà fino a quando il bambino, la bambina non alzerà la mano e non dichiarerà la propria intenzione di riprendere il suo posto tra i compagni, da cui si era metaforicamente allontanato. Normalmente questo avviane piuttosto presto, anche dieci, quindici minuti. Verrà accolto con un applauso. È anche possibile che ci sia il bambino che per particolari motivi può persistere nella sua oppositività. In questo caso è più opportuno l'intervento della psicologa di supervisione.

PENSIERI

Questa è un'altra occasione bellissima per coniugare didattica ed educazione ai sentimenti. Quando i bambini incominciano a padroneggiare "la scrittura" provano il desiderio, assolutamente spontaneo, di cimentarsi con letterine e scrittura. E scrivono bigliettini per tutti: alla mamma, al papà, alla maestra, a amichette e amichetti…. Il grande vantaggio è che per il bambino è comunque un gioco; per l'insegnante è un modo per fare italiano; per spiegare cose nuove e per correggere gli errori di scrittura e di ortografia; ed è un momento preziosissimo, per incentivare la connotazione affettiva che caratterizza sempre queste comunicazioni, per farle vivere come momenti di bella trasmissione di sentimenti e di emozioni. Di tutti i sentimenti, belli e brutti; la sincerità, l'autenticità e l'espressione dei loro reali sentimenti deve essere sempre accolta, così come le confessioni di invidia, di rancore, di delusione per questo o quel motivo. Sarà poi compito della "coppia pedo-psic" cercare di trasformare i sentimenti "brutti e negativi" in recupero di amicizia, o se impossibile, di serenità, offrendo delle alternative.

"Il Delfino E Il Cavalluccio"

PENSIERI

Questo Gioco sancisce ll principio del dare e ricevere aiuto. Come dare una giustificazione, che non sia mortificante per i bambini, alle cosiddette "attività di recupero". Per tutti i bambini: i bambini più grandi, o quelli che hanno imparato già, o che hanno già acquisito delle "abilità" (i delfini) tornano indietro verso i bambini più piccoli o verso i compagni in difficoltà (i cavallucci), per aiutarli a imparare (definizione implicita: perché loro già sanno come si fa); oppure, se per qualche motivo un bambino non ha ancora imparato bene qualche passaggio, può tornare indietro per farsi aiutare dai compagni della classe inferiore e poi tornare nella propria. (Altri messaggi impliciti: non è un disonore non sapere una cosa; non è un'onta tornare indietro per imparare qualcosa che altri già sanno; non è un disonore andare fuori dalla classe a "fare altre cose"; "i compagni possono comunque apprezzare abilità diverse!"; "se lui ce l'ha fatta, posso farcela anch'io!". Messaggio esplicito e dichiarato: se si è in grado di imparare una cosa, qualunque cosa, si possono imparare anche tante altre cose (le tabelline, la grammatica, i nomi dei colori in inglese...); quindi si punta sulla rivalutazione di capacità e competenze di ogni tipo: dalla poesia a memoria e dalla regola di grammatica, al saper tirare in porta, o giocare a "campana", per poi passare a contenuti più prettamente didattici. È importante parlare di un'altra "capacità", che, in questo caso sono gli adulti che debbono apprendere, e che rappresenta un vero e proprio spauracchio per genitori e insegnanti: il tornare indietro rispetto a una posizione acquisita: la Regressione. Saper accettare e gestire la regressione è una vera e propria conquista. Poche cose fanno tanta paura come il bambino che, dopo che ha dimostrato di aver imparato, acquisito determinate capacità, raggiunto traguardi secondo le aspettative, dopo aver "tranquillizzato che è tutto a posto" i genitori, nonni, gli educatori del nido, gli insegnanti, tornano indietro, sembrano bloccarsi. Si arrestano, tornano a fare delle cose che "non facevano più". Tutta la rassicurazione, la tranquillità che tutti avevano raggiunto, il sospiro di sollievo che tutti avevano tirato, "bene, questo bambino, il mio bambino è intelligente, non gli manca niente, mi dà tante soddisfazioni, i suoi progressi mi gratificano e mi fanno sentire che non "ho fallito"... improvvisamente vanno in fumo. Si insinua perplessità, si formano incertezze, dubbi, paure. Non sarà sufficiente dire loro che è tutto normale, che il procedere dello sviluppo infantile non si caratterizza con una modalità progressiva, con una direzione lineare, ma piuttosto a sbalzi, un po' in avanti, con qualche sosta, un po' anche indietro. La migliore rassicurazione è "impadronirsi" di un modo di guardare le cose basato sulla convinzione delle finalità comunicative del comportamento umano e a maggior ragione dei bambini; tutto ci comunica, ci trasmette informazioni, ci "in-forma" di modo che noi ci possiamo "formare dentro", dando la nostra risposta. Spesso i bambini hanno bisogno di fermarsi, o di tornare indietro, e i motivi possono essere svariati. Soprattutto non si da la necessaria rilevanza al fatto che lo svipuppo emotivo non procede in parallelo con quello cognitivo. E, anzi, quando ci son motivi emotivi che impegnano i bambini, può capitare che lo sviluppo cognitivo si arresti, o perlomeno, rallenti. In questo caso la cosa fondamentale è non colpevolizzare mai, né i bambini, ma nemmeno noi stessi. È bene continuare a trasmettere il messaggio: tutto sta andando come deve; non c'è nessun problema. La seconda cosa, la più difficile da attuare in una classe, è: assecondare la regressione. Come? Utilizzando ciò che in psicologia si chiama "ingiunzione paradossale". Si può dare al bambino/alla bambina, comunque, una giustificazione, che potrà essere anche fittizia: ad esempio insistere perché il bambino "stia fermo", che faccia proprio quello che sta dimostrando non di voler fare, ma di avere bisogno di fare.

AZIONI

Facciamo un esempio pratico.

Prima classe scuola primaria: Luca (nome fittizio), dopo aver imparato prestissimo e benissimo a scrivere le lettere che fino a oggi la maestra ha presentato, si è bloccato. Non scrive più, se scrive, le lettere sono enormi o piccolissime, tutte sballate. La maestra è molto preoccupata. "Non so cosa stia succedendo!". La risposta è facile e difficile. Sta succedendo qualcosa di assolutamente comprensibile. C'è qualche motivo, che ancora non conosciamo, per il quale Luca ha bisogno di fermarsi o addirittura di tornare indietro. Bene. Colpevolizzarlo, tartassarlo di domande: "Ma perché fai così? Ma che ti è successo?". O peggio: "Ma che sei diventato scemo, tutto d'un botto?" è drammaticamente inutile. Molto meglio dirgli: "Va bene così. Non c'è nessun problema. Ti sei impegnato talmente tanto e hai imparato tanto bene a scrivere tutte quelle lettere, che adesso hai bisogno di riposarti. Basta allora, stai fermo e riposati: tu non scrivi più. Te lo dico io quando è il momento di rincominciare". In modo tranquillo, sicuro, chiaro e deciso; senza nessun altro discorso. Sintetici, chiari, concisi e sicuri. E ci stanno molto bene anche una carezza e un sorriso. Poi, con i tempi giusti per lui, avverrà la magia. Luca ripartirà tranquillamente e, con molta probabilità, farà anche un salto in avanti, del tutto inaspettato.

"La Piuma Del Pavone"

PENSIERI

Questo GIOCO è adatto soprattutto a bambini dalla classe terza in poi, quando i bambini possono incominciare ad applicare la loro intelligenza su argomenti specifici e quindi a "studiare". Può comunque avere dei riadattamenti da parte della maestra o del maestro. È strettamente collegato al diritto di SAPERE e al diritto di SENTIRSI BRAVI! Ancora una volta c'è un ribaltamento; questa volta c'è una rivalutazione del povero Pavone, tradizionalmente tacciato di superbia per l'ostentazione che lui fa di tutta la sua bellezza. Ma se invece è la BELLEZZA che noi rivalutiamo e apprezzaimo, ecco che anche il Pavone diventa l'emblema di quanto sia giusto e conseguente mostrarla ed esserne orgogliosi. Pensiemo quanto l'atteggiamento comune di stampo moralistico e il richiamo alla "modestia" sia sostanzialmente una grande occasone di mortificazione per i bambini. Ai bambini viene trasmesso questo messaggio: La bellezza non è soltanto quella fisica o estetica. La Bellezza è anche qualcosa che custodiamo nel cuore, e sono tutte le emozioni che noi sentiamo. Tra queste emozioni c'è, ad esempio l'orgoglio che proviamo quando riusciamo a compiere un'impresa. Piccola o grande che sia, non ha importanza. È come se salissero sul palcoscenico per potersi immedesimare meglio nel ruolo di "chi sa", di chi conosce più cose e le comunica ai compagni. L'orgoglio c'è sempre. E quello che abbamo realizzato, lo vogliamo dichiarare a tutti, lo vogliamo mostrare!

AZIONI

E allora il GIOCO funziona così: un certo giorno un bambino o una bambina dichiara di volersi preparare proprio molto bene su un determinato argomento e di volere conquistare la

PIUMA del PAVONE. Il giorno prefissato ci sarà l'esposizione di quanto studiato e approfondito. Si darà ai bambini, ai compagni, la facoltà di stabilire se la conquista è avvenuta oppura no. Ma bisogna essere molto accorti, perché la situazione è molto delicata. Il più delle volte hanno messo davvero molto impegno e superano la prova. La Piuma del Pavone viene quindi messa in una boccetta e starà sul banco per tuta la giornata. Alla fine della mattina verrà riconsegnata. Questo semplice GIOCO rappresenta l'esaltazione dell'orientamento educativo della valutazione.

AZIONI

Sarà indispensabile **prestare attenzione** a non mortificare né i bambini protagonisti né i bambini valutatori, ma anche a dare importanza sia alla dichiarazione di intenzione e all'impegno comunque adoperati dei primi per raggiungere lo scopo, sia all'impegno comunque adoperato per ascoltare e per esprimere un proprio giudizio dei secondi. Ma premiare l'impegno, non può sostituire l'esito della "prestazione". Sarebbe un errore dare comunque la piuma, per dare comunque una gratificazione: soluzione insidiosa, perché i bambini protagonisti lo sanno benissimo di non essere stati bravi. O, d'altro canto dichiarare semplicemente che l'obiettivo non è stato raggiunto. Dunque, il messaggio chiaro, semplice, tranquillo è: bellissimo l'impegno, e si sente che ce ne ha messo tanto. Ma approfondiamo con i bambini, facciamogli delle domande: come ti sei preparato/a; che libri hai utilizzato? Quante volte lo hai letto? In quanto tempo? Hai ripetuto? Quante volte hai ripetuto? Hai fatto la mappa concettuale? Quindi, secondo lui o lei, la preparazione così come l'ha organizzata, è stata soddisfacente? È stata sufficiante? Secondo lui o leri cosa manca? Il tutto perché, a questo punto, la cosa più importante di tutte è che lui/

lei **DEVE** avere una prossima occasione per arrivare alla sua soddisfazione, alla conquista della piuma. Quindi è dato per scontato che avrà una nuova occasione per ripresentarsi con la sua "esibizione" Quali saranno i punti a cui dovrà prestare maggiore attenzione? Anche i bambini potranno fare commenti e dare consigli. Siamo tutti convinti che la prossima volta sarà ancora più contento/a e orgoglioso/a, perché avrà capito bene gli errori che aveva commesso e come ripararli.

Anche gli errori sono preziosi!

LA PRATICA FUORI DALLA SCUOLA

DI CLAUDIA CIANCAMERLA

Premessa Nel 2016 sono entrata a far parte dell'Associazione "Il mondo dei nuovi pensieri", associazione che promuove e applica il Metodo Matrioska nelle scuole. Mi ero da poco laureata in "Psicologia dello sviluppo, dell'educazione e del benessere", ma in realtà, in tempi non sospetti (circa dieci anni prima), già avevo sentito parlare del progetto "Tamburi di pace" e del Metodo Matrioska. Sì, a casa, infatti, mia madre parlava spesso di questo progetto psico-educativo rivolto alle scuole; a volte organizzavano delle riunioni ma all'epoca ero un'adolescente e vivevo tutto quel movimento in modo un po' distaccato. Nel corso degli anni poi mi sono trovata in prima persona a conoscere la dott.ssa Mariangela Ceriati (e piano piano anche tutto il gruppo di psicologhe e insegnanti). Ho iniziato a leggere i suoi libri e opuscoli sul Metodo Matrioska, ho iniziato a provare curiosità, coinvolgimento, interesse sincero per il suo pensiero. Per me è stato come aver completato un puzzle. Con il progetto "La scuola di gomma" nell'I.C. "Città dei bambini" di Mentana ho avuto la possibilità di entrare nelle classi della scuola dell'infanzia e ciò mi ha permesso di toccare con mano il Metodo Matrioska; ho potuto vedere, provare, ascoltare i diversi punti di vista e le difficoltà delle insegnanti, dei bambini e dei genitori. Ci tengo a sottolineare il "sentire": per merito di questa esperienza formativa (comprensiva di supervisione personale, partecipazione agli incontri di formazione delle insegnanti e dei genitori, supervisione nelle classi) ho sempre più appreso e compreso quanto i sentimenti, le emozioni, gli stati d'animo dei bambini, degli insegnanti, dei genitori fossero dei pilastri che non possono più essere considerati elementi secondari nella scuola. Il saper percepire le sfumature dei vissuti delle insegnanti, dei bambini e dei genitori può davvero portare a dei cambiamenti inverosimili. Nel mio lavoro di psicologa dell'età evolutiva in ambito privato, dunque al di fuori dell'ambiente scolastico, porto sempre con me lo "zaino del Metodo Matrioska". Con questa espressione intendo dire che quanto appreso dal Metodo della dott.ssa Ceriati e dal team di psicologhe e insegnanti Matrioske, lo porto sempre con me nel lavoro clinico con bambini, adolescenti e genitori. Con questo mio intervento, voglio testimoniare quanto il Metodo Matrioska sia applicabile anche in contesti diversi da quello scolastico essendo un metodo "basato sulla persona-orientato sulla conoscenza". Attualmente lavoro presso un Centro Specialistico in cui mi occupo di valutazioni del neurosviluppo (funzionamento cognitivo, disturbi specifici dell'apprendimento, ADHD, fragilità emotive e comportamentali ecc.), sostegno psicologico, tutoraggio DSA e parent training. In tutte le situazioni si tratta di un rapporto uno-a-uno. Molti penseranno che si tratti di una situazione privilegiata e impossibile da realizzare all'interno di una classe. Ciò è vero in parte; durante una valutazione psicodiagnostica o durante un colloquio psicologico entrano in gioco genitori, fratelli e sorelle, insegnanti; ma non bisogna sottovalutare la presenza di attori come la paura, l'inibizione, le preoccupazioni e l'ansia da prestazione, i dubbi e i pensieri quali "Che ci faccio io qui?", "C'é qualcosa che non funziona in me?", "La maestra ha detto alla mamma che forse sono dislessico, che strana parola!", "Non voglio parlare... vorrei tanto tornare nella mia cameretta per stare da solo e continuare a vedere quella serie tv". Spesso questi attori, apparentemente non tangibili, sono concreti tanto quanto una persona ed ecco che il rapporto non è più uno-a-uno. Dai tempi della mia formazione nel mio "zaino" del Metodo Matrioska i principi dell'ADAGIO sono strumenti indispensabilizi! Durante il colloquio psicologico l'accoglienza è il primo seme che mi consente di entrare in relazione con i bambini e con i genitori; si tratta di un'azione estremamente delicata che richiede rispetto e gentilezza nei confronti della persona, adulto o bambino che sia. Creare il clima di accoglienza secondo il Metodo Matrioska significa apertura empatica verso l'altro, significa dedicare tempo alle preoccupazioni e ai dubbi del bambino o del genitore, saper dedicare tempo ai racconti delle avventure svolte durante il weekend o semplicemente affermare "ma il tuo cerchietto è davvero delizioso!". Accoglienza è anche saper rispettare il tempo del silenzio, rispettare lo sguardo sfuggente o il non riuscire a stare fermo sulla sedia. Nel mio intervento l'accoglienza procede di pari passo con l'ascolto, è di fondamentale importanza concedere al bambino o al ragazzo il tempo di sentirsi ascoltato. Il principio dell'accoglienza non lo applico soltanto nel primo giorno di conoscenza ma in ogni occasione di incontro con il bambino e con i genitori. Prima della somministrazione di un test psicologico, che già di per sé è una situazione stressante in cui il bambino percepisce di essere valutato, dedico sempre del tempo all'accoglienza e all'ascolto. Ho potuto constatare quanto questi strumenti siano così potenti da permettere di abbassare i livelli di ansia da prestazione e quindi la paura di fallire. È in questo modo che, al termine del primo colloquio clinico-anamnestico, bambini e ragazzi escono più sereni e sorridenti, come se non volessero uscire dalla stanza dello studio "…ma il tempo è volato!". Anche i genitori appaiono più distesi e compresi. I principi della disciplina e dell'autorità sono applicati specialmente nel lavoro con bambini e ragazzi con difficoltà comportamentali (ADHD, oppositivo-provocatorie, disregolazioni emotive ecc.). Nella pratica costruisco un contratto di regole e/o obiettivi firmato dal bambino e da me, cercando di personalizzarlo il più possibile a seconda dell'età. Fin da subito introduco un piccolo numero di regole sulle quali il bambino non ha margini di intervento (rispetto dell'autorità e riconoscimento della figura dell'adulto) trattandosi di aspetti cruciali del lavoro di sostegno e di ri-educazione nell'ambito della comunicazione, della relazione, del contenimento fisico (per fare solo alcuni esempi). Alcune regole vengono invece discusse e concordate insieme al bambino, presto attenzione alle sue richieste rendendolo una persona attiva nella costruzione del contratto. In questo modo la regola non viene vissuta solo come un'imposizione. Dalla mia esperienza è emerso come le regole e gli obiettivi suggeriti dal bambino, soprattutto in bambini dagli 8 anni in poi, siano spesso pertinenti alle fragilità e al motivo di intervento. Dedico molto tempo all'illustrazione delle regole da rispettare nel tempo che trascorreremo insieme, spiegazione giocosa e orientata all'esemplificazione anche motoria (attenzione a non utilizzare una spiegazione solo verbale, le tante parole generano rumore nella testa e nel cuore dei bambini!). Ho potuto constatare come l'adozione di questo approccio consente di creare un rapporto di alleanza con il bambino, il patto messo per iscritto con la mia firma e quella del bambino dà importanza al punto di vista del bambino che si sente preso in considerazione come "persona". Il principio della gratificazione e dell'incentivazione (come se fosse una reazione a catena) vengono quindi inseriti attraverso il prestare attenzione all'impegno che il ragazzo impiega nel rispettare le regole e gli obiettivi prefissati; attraverso l'osservazione dei cambiamenti (anche quelli più piccoli) relativi ai *comportamenti disfunzionali, alle difficoltà comunicative o relazionali. È di fondamentale importanza mettere il bambino o il ragazzo nella condizione di percepirsi come persona "capace di fare ", di sentirsi "bravo nell'aver rispettato il patto" ma anche di poter sbagliare e modificare l'errore. Si fornisce dunque uno spazio nel quale sentirsi competente e valorizzato. Il passaggio chiave si realizza proprio nell'incentivare gli aspetti positivi dell'esser riusciti a rispettare gli obiettivi del patto. Molto spesso, infatti, accade che i bambini, anche quelli definiti più "difficili", riescano a motivarsi intrinsecamente (tipologia di motivazione slegata dalla prestazione) e a modificare proprio quegli aspetti motivo di aiuto. Quanto descritto non rimane soltanto a livello teorico, in poco tempo osservo che è il bambino stesso a farmi notare quanto sia stato capace di comportarsi secondo il patto "oggi sono riuscito a non interromperti mentre parlavi" "... mi sono accorta di aver parlato a bassa voce e in più sono stata più attenta, che bello!". Ciò testimonia il lavoro che il bambino compie su aspetti quali la consapevolezza di sé, lo sviluppo della metacognizione, la comprensione del legame tra pensiero e azione, lo sviluppo dell'autostima e del senso di autoefficacia. Nella pratica, come si realizza? Prendendo come modello il "Cartellone delle stelline e dei cuoricini" del Metodo Matrioska, nel mio lavoro propongo il "Cartellone delle conquiste di..." al quale affianco la "Collana delle conquiste". Dopo aver raggiunto un certo numero di stelline e cuoricini, i bambini (anche fino ai 12 anni) costruiscono una collana, oggetto materiale che rappresenta sia l'insieme di tutti gli sforzi e i cambiamenti realizzati sia un premio da portare con sé fuori dal contesto clinico a termine del percorso. Considero L'ADAGIO, quindi, come l'intreccio di un bracciale: filo dopo filo, realizzo una sequenza che si alterna principio dopo principio, fino ad arrivare alla creazione di una forma più definita e armonica.*

GENITORI ATTENTI, CONSAPEVOLI E RESPONSABILI

Chi possiede coraggio e carattere, è sempre molto inquietante per chi gli sta vicino. Hermann Hesse È necessario e urgente inventare anche una nuova tipologia di genitori. Genitori che conoscano e padroneggino una "visione del mondo" che si allontani sempre più da concezioni che le nuove scoperte delle neuroscienze hanno decretato come vecchie e superate. (vedi tutto il capitolo che ho dedicato alle nuove scoperte scientifiche nel mio libro citato nelle prime pagine).

QUELLO CHE PIACE AI GENITORI

I genitori hanno un grande bisogno/desiderio di sentirsi direttamente coinvolti nella vita scolastica dei figli e, quando questo accade, ne provano un grande piacere. Per rendere attuale la parola d'ordine: "partire dalla gioia!" anche per i genitori, è giusto fornire loro conoscenze valide per aiutarli a "comprendere" l'esperienza che i loro figli vivono a scuola. Una "Guida pratica". E così, esattamente sulla base delle loro esigenze è stata concepita la "Scuola per genitori", che si pone l'obbiettivo di dare risposte utili e concrete alle tante domande che spesso tormentano mamme e papà nella vita con i propri figli: "Non capisco perché fa così?". "È giusto quello che faccio?". "Sbaglio se…?"; "Le ho provate tutte e poi… io ci parlo tanto… perché lui (o lei) continua a non capire?". È importante, e anche giusto, che un genitore voglia sapere, conoscere di più; ma è altrettanto importante che impari a tenere in considerazione il fatto che i pensieri e i sentimenti non funzionano nello stesso modo. Il nostro intento è quello di addentrarci con loro, come guide dotate di conoscenza ed esperienza, nella giungla delle tante questioni. La prima di queste riveste una notevole delicatezza, perché spesso sono i comportamenti di tante mamme e di tanti papà, che loro non sanno quanto siano inadeguati anche magari all'età dei loro bambini e delle loro bambine, o scorretti, che inducono comportamenti inadeguati e scorretti nei bambini; questi ultimi poi vengono definiti "insopportabili", "tremendi", "deficienti", o "stupidi", a seconda delle situazioni o dei momenti di vita, ma poi, alla fine, comunque, sempre, con quell'obbligo alla tolleranza assoluta, perché… "si sa… sono bambini!". D'altra parte, come ho già detto, è proprio l'orientamento educativo in generale che necessita di un'accurata "revisione"; quindi, sono problemi comuni a buona parte della "caregoria dei genitori". Questo non rende più facile il compito di portarli a vedere sé stessi con un terzo occhio esterno, in modo che possano vedere e riconoscere aspetti da modificare o modalità da abbandonare. La "scuola" che si organizza per i genitori è finalizzata proprio a renderli più adeguati ai propri bambini (una volta il discorso funzionava esattamente al contrario). E anche per loro il cammino è importante, impegnativo e laborioso, per aiutarli nei dubbi e nelle incertezze, per metterli in condizione di riappropriarsi del ruolo di "genitore che non solo ama, ma che insegna a vivere"; di ripristinare la loro funzione educativa perduta, o messa in crisi, e nei confronti della quale esistono non solo tante difficoltà, ma anche, spesso, tante resistenze; è facile infatti constatare che parlare con i genitori e spiegare loro, ad esempio che debbono tornare a "dire i famosi NO!", ripristinare regole antiche e nuove, rispolverare il concetto tanto demonizzato dell'autorità, o della fermezza non basta. C'è un motivo specifico: parlare, informare, spiegare non basta, perché tra i tanti concetti, si insinuano sempre i sentimenti, i modelli appresi e i vissuti. Anche per loro vale l'idea di un percorso di "esperienza".

l'obiettivo è quello di portarli a evidenziare tutta una serie di errori comunicativi e relazionali, che vengono commessi a volte inconsapevolmente, perché possano ricevere suggerimenti chiari e mirati su "cosa fare se ...", "cosa fare quando...". L'intento è anche quello di uniformare i linguaggi, in modo che loro, a casa, possano seguire e condividere con gli insegnanti gli stessi punti di riferimento e le stesse linee guida.

L'IDEA DEL BINARIO

In questo modo genitori e maestre e maestri creano il binario sul quale poggiano le carrozze (ciascun bambino della classe) di quel treno che viene guidato verso mete ambite: creare stabilità emotiva, attenzione, motivazione, disponibilità a "dare e a prendere", la soddisfazione per il proprio "saper fare". Non solo l'apprendimento del "leggere, scrivere e far di conto", quanto, piuttosto, l'apertura verso il desiderio, la passione per il sapere, la gioia della conoscenza. L'idea del "binario" potrà senza dubbio realizzarsi al meglio se, all'interno del primo mese di scuola, ci sarà un incontro con i genitori in cui si proporrà l'istituzione della "Grande Alleanza". Nell'epoca che ha creato tanti nuovi miti, tra cui il benessere fisico e l'estetica del corpo, stona la mancanza di attenzione di pari entità al benessere della mente e della psiche, di quella che comunemente possiamo chiamare "anima" (con accezione laica e scientifica). Oggi si sente il bisogno di creare condizioni universali nuove, introducendo nelle scuole un'educazione di importanza pari a quella attribuita alle capacità cognitive, che si occupi dei sentimenti e di quelle dotazioni fondamentali che ogni individuo dovrebbe, deve avere, (è un suo diritto): quelle che vengono raggruppate sotto la cosiddetta denominazione d life-skills.

LA VETTA

L'INVENZIONE DELLA RUOTA

Carissime e carissimi compagni di "avventura"! Siamo arrivati sulla vetta del Monte. Ora potete dare un senso al nome che abbiamo dato alla nostra scalata: SCOPRIRE INSIEME. In questa scalata sono successe tante cose. Vorrei conoscere i vostri pensieri, le vostre emozioni nel sentirvi "diversi". Perché non è possibile che siate arrivati fin qui, restando le stesse persone che hanno aperto la copertina di questo libro e incominciato a leggere la prima pagina! Come mi piacerebbe sentire le vostre voci, vedere i vostri volti, incrociare i vostri sguardi! Avete affrontato un'impresa ardua e dall'esito non scontato. Ma, se siete arrivati fino qui, meritate tutta la mia ammirazione. La salita non è stata facile; certi tratti sono stati piuttosto duri, ostici, impegnativi, ma li avete superati! E sarete d'accordo con me che, invece, l'ultimo tratto è stato facile; è stato come se lo avessimo percorso su una comoda teleferica, da cui potevamo ammirare il paesaggio circostante e tutto quello che e stava "a valle". Dalla VETTA, guardare in giù, o considerare tutto quello che abbiamo lasciato alle spalle, fatica compresa, cambia enormemente la prospettiva! E allora, in primo, primissimo luogo, quello che è successo è quello che io mi diverto a definire "l'invenzione della ruota!" Non dovete più fare sforzi immani per spingere, trascinare "massi", ovvero tanti bambini e bambine che stanno con i piedi puntati per terra e che oppongono alla vostra fatica una resistenza ferma e ostinata. Ora avete scoperto che i Metodo Matrioska, alla fin fine, vi dà la possibilità di mettere le ruote sotto quei massi: siete voi che, padroni della conoscenza dei loro comportamenti e delle loro esigenze, sapete mettere sotto le loro scarpe tante belle "ruotine" e, semplicemente entrando in RELAZIONE con loro, comunicando con loro nelle loro lingua, il bambinese, sapete portarli dove volete VOI e che, poi, è dove serve realmente a loro.

SALUTI E SUGGERIMENTI

È arrivato il momento di salutarci. Nell'accomiatarmi da voi vi ricordo alcune cose. All'inizio di questo libro, ricorderete la raccomandazione di partire da voi stessi, e da voi stesse; ebbene, se avete compreso il senso profondo del motto "prestare attenzione/dare importanza" avete scoperto che questo ha a che fare direttamente con la consapevolezza. Senza che ve ne rendeste conto, avete guadagnato un TESORO; ora è vostro; elargitelo con generosità! E avete acquisito un POTERE; usatelo con padronanza! E la "FORMULA della FELICITA'" prendetela molto sul serio: vale anche per la vostra vita! Infine, assaporate la GIOIA delle vostre conquiste, sentitene in bocca il sapore! E di tutte quelle a cui avete portato i "vostri bambini". Anche per me, essere stata al vostro fianco, rappresenta la conclusione della mia impresa, non meno ardua, di raccontare, sistematizzare, dare una veste organica e raccolta ai tanti concetti che riempiono le tante Matrioske del Metodo. Dovermi confrontare con voi è stato di grande stimolo e supporto. Un grande GRAZIE a ciascuna, a ciascuno di voi.

CONSIDERAZIONI FINALI –
UN'UTOPIA DA VIVERE

Nella realtà tanto complessa e sempre più complessa come quella degli ultimi tempi, è sempre più necessario che la centralità dell'uomo venga riaffermata con vigore e convinzione e che venga abbinata con il bisogno di equilibrio e di armonia e con la necessità di una visione partecipata e collaborativa per il futuro del mondo. Si fa sempre più strada, infatti, la convinzione che proprio i comportamenti umani determinano le sorti del pianeta. Come sostiene Vito Mancuso: «E' un clamoroso falso che la cattiveria e l'immoralità siano più produttivi e più appaganti del bene e della giustizia. L'etica non fa che esprimere a livello interpersonale la logica della relazione armoniosa che abita l'organismo a livello fisico e che lo fa essere in salute, l'armonia tra le componenti subatomiche che compongono gli atomi, tra gli atomi che compongono le molecole, e così sempre più su, passando per cellule, tessuti, organi, sistemi, fino all'insieme dell'organismo. Lo stesso vale per la vita psichica, tanto più sana, quanto più alimentata da relazioni armoniose, in famiglia, a scuola, al lavoro e, viceversa, tanto più malata quanto più esposta, magari fin da piccoli, a relazioni disarmoniche e violente. Il segreto della vita, in tutte le sue dimensioni è l'equilibrio, e l'etica non è altro che l'equilibrio esercitato tra persone responsabili. Il nostro è un paese di individui che si credono furbi perché trasgrediscono le regole dell'ordine etico e civico, ma che in realtà sono semplicemente ignoranti, perché tale continua trasgressione produce il caos quotidiano dentro cui siamo costretti a vivere, fatto di approssimazione, diffidenza, nervosismo, disattenzione, e tasse elevatissime a cui corrispondono servizi spesso ben poco elevati. Intendo dire che rispettare le regole, comprese quelle che riguardano la vita privata (perché chi non è fedele nel privato non lo sarà certo nel pubblico) è la modalità migliore di raggiungere quel poco o tanto di felicità che la vita può dare.» Il secolo scorso è stato il secolo delle grandi rivoluzioni, delle grandi ideologie, il socialismo, il comunismo, il secolo della democrazia, della ragione e dell'intelletto, eppure è stato il secolo che ha visto nascere uno degli orrori più inimmaginabili: la bomba atomica. Ha sancito, inoltre, l'utilizzazione della razionalità per dare giustificazioni a forme di crudeltà anche queste inimmaginabili. Il tutto costruendo negli individui una visione del mondo basata su una forma di ipocrisia ipertrofica. Infatti, proprio gli uomini del cosiddetto progresso stanno portando l'intera umanità pericolosamente vicina all' estinzione. Forse è talmente enorme questa ipotesi, che è facile volerla negare. E' quindi di estrema importanza prendere molto sul serio la necessità di invertire tante tendenze così dannose per gli individui e per la collettività. Questo non è Utopia; implica soltanto l'impiego della consapevolezza e la volontà di compiere scelte adeguate. In quanto non utopia, si può quindi, incominciare, da subito, ad avviare il processo che ne consegue: quella famosa "RIVOLUZIONE CULTURALE" di cui tanto si parla. Tanto per cominciare, partendo proprio dall'EDUCAZIONE. Si può avviare una "RIVOLUZIONE EDUCATIVA" che faccia NASCERE nei bambini, "l'UOMO di DOMANI", l'Individuo nuovo così come serve al MONDO del DOMANI, mettendo insieme, creando un'altra nuova, MATRIOSKA, piena e ricca dei tanti spunti, delle tante idee, dei tanti suggerimenti che il mondo moderno, attraverso personalità eccellenti, ci offre. A tale proposito balza agli occhi l'evidenza di quanto sia determinante il ruolo della scuola e quanto la figura degli insegnanti venga messa sotto una luce di estrema rivalutazione. E' di importanza estrema che quegli insegnanti, quei MAESTRI che si sentono Persone che in virtù delle cognizioni e delle esperienze acquisite risultano all'altezza di contribuire all'altrui preparazione e formazione acquisiscano consapevolezza di quanto rappresentino un modello per i loro bambini e per i loro ragazzi. E soprattutto che in questo consiste il loro potere di affidare bambini e ragazzi alle possibilità infinite di realizzazione.

RINGRAZIAMENTI E RICONOSCIMENTI

Il primo pensiero voglio dedicarlo a Mariangela Furone, insegnante, MAESTRA e impavida psicopedagogista nella Scuola di Fonte Nuova, che ha accompagnato, profondamente condiviso, appassionatamente sostenuto i primi passi del Metodo nelle classi, all'inizio del 2000. Da quando ci ha lasciato, ci restano le richezze che ha sempre profuso intorno a sé: la calma, la ragionevolezza, la positività, la pazienza, la profondità, il suo ottimismo intelligente e concreto... e il suo sorriso! Con tutte queste "dotazioni" sapeva ben GUARDARE con attenzione la realtà, ma anche con un pizzico di follia sapeva VEDERE lontano. Voglio mandare un saluto e un GRAZIE di cuore a tutte quelle Persone che, nelle vesti diverse dei loro ruoli, tanti insegnanti, dirigenti scolastici, amministratori politici, assessori, dirigenti ASL, genitori, giornalisti, colleghi/colleghe hanno dimostrato interesse, capacità di approfondimento, lungimiranza, comprensione e sostegno nei miei confronti. È grazie a loro, ma soprattutto alle centinaia di bambini meravigliosi che ho incontrato sul mio cammino e che ho visto crescere, se il METODO MATRIOSKA è sopravvissuto ed arrivato fino ad oggi. Un saluto anche a quelle PERSONE con cui, nel corso degli anni, c'è stato un incontro, a volte superficiale, a volte più profondo, ma con cui circostanze diverse hanno poi portato a scelte divergenti. Sono state comunque importanti e le ringrazio. Un saluto ad Anna, Annarita, Elisabetta, Eugenia, Gabriella, Gigliola, Giovanna, Imma, Loretta, Lucrezia, Maria Rosaria, Mariella, Marilena, Monica, Paola, Sila, Simonetta, Sonia, Stefania, Teresa, Tiziana. Un saluto va poi alle Insegnanti Pioniere del Progetto "La scuola di Gomma" dell'I.C. "Città dei Bambini" di Mentana. E un saluto a tutti quegli insegnanti che hanno partecipato con curiosità e interesse al Corsi di Formazione e alle presentazioni del Metodo. Un saluto speciale e un abbraccio lo voglio dedicare a quei genitori che hanno aderito alla "Scuola per genitori" dal 2004 al 2009. È stato questo il ciclo in cui si sono potute concretizzare la maggior parte delle condizioni fondamentali per la corretta realizzazione del Metodo, che hanno favorito i risultati più entusiasmanti. A quei genitori va riconosciuta una parte del merito: per noi, sapere di potere condividere un grande impegno e una grande responsabilità, sentire il loro sostegno, anno dopo anno, è stato senza il minimo dubbio, determinante. Ma c'è ancora una cosa, sopra tutte le altre, che in queste circostanze è la più preziosa: la fiducia; e loro sono stati capaci di alimentarla fino a quando, a conclusione del ciclo, ci siamo salutati. Un GRAZIE di cuore! E sono felice che tanti di loro si sentano, ancora oggi, dopo tanti anni, ripagati.

INDICE Prefazione Benvenuti e Banarrivati ISTRUZINI per L'uso Manifesto I Presupposti Qello che genitori e insegnanti debbono sapere Il Metodo Educativo Globale.... La formazione degli insegnanti La struttura del corso Guardare e sapere vedere Come si costruisce la RELAZIONE Un nuovo modo di sentirsi maestri

BIBLIOGRAFIA

Barba R. La scuola delle intelligenze multiple: diversificare per valorizzare. 2015.

Cavaciocchi M. I neuroni specchio e implicazioni didattiche-empatia e apprendimento. 2012.

Ceriati M. Un amore di scuola. Albatros 2013.

Ceriati M. Il Metodo Matrioska- Una scuola per il futuro, Edizioni Emia 2019.

D'Avenia A. L'appello, Mondadori 2020.

Floridi L. Pensare L'infosfera. La filosofia come design concettuale, Cortina 2020.

Galimberti U. La forza del cuore. La Repubblica on line 1998.

Gardener H. Cinque chiavi per il futuro, Feltrinelli Milano 2007.

Gardener H. Educazione e sviluppo della mente, intelligenze multiple e apprendimento. Edizioni Erickson, 2005.

Harré R., Lamb R, Mecacci L, Disionario di psicologia e psicoanalisi 2007.

Huppert F.A. "Positive mental healt in individuals and populations", in F. Huppert, N. Bayliss and B. Keverne (eds), The Science of Wellbeing, Oxford University Press, 2006.

Mancuso V. Un paese dove la virtù deve chiedere perdono, "MicroMega", online, 2013.

Medina J. Naturalmente intelligenti. Istruzioni per lo sviluppo armonioso del cervello dei bambini della prima età, Bollati Brocchieri, 2015.

Morin E. Insegnare a vivere. Manifesto per cambiare l'educazione, Raffaello Cortina, 2015.

Ordine N. Classici per la vita, Una piccola biblioteca ideale, La Nave di Teseo, 2016

Pennac D. Il diario di scuola, Feltrinelli, 2008.

Senf J. Der Weg ist das Ziel. Imparare il tedesco in un modo plurilingue, Sapienza Università Editrice, 2016

TRiki F. Lumi sul Mediterraneo, a cura di cecere A e Covatti A., Jouvence, 2019.

Watzlawick P., Beavin J. H., Jackson D. D. Pragmatica della comunicazione umana. Studio dei modelli intersttivi, delle patologie e dei paradossi, Casa Editrice Astrolabio, 1978.

Winnicot D. W., I bambini e le loro madri, Raffaello Cortina Edizoni, Milano 1987.